Marcus Werner

Wir dürfen jetzt nichts überstürzen!

Marcus Werner

Wir dürfen jetzt nichts überstürzen!

40 Gründe, warum Deutschland abschmiert

YES

Originalausgabe
1. Auflage 2024

Türkenstraße 89, 80799 München
info@yes-publishing.de

Redaktion: Matthias Teiting
Umschlaggestaltung: Ivan Kurylenko (hortasar covers)
Layout und Satz: Carsten Klein

Druck: CPI books GmbH, Leck
Printed in the EU

ISBN Print 978-3-96905-288-4
ISBN E-Book (EPUB, Mobi) 978-3-96905-289-1
ISBN E-Book (PDF) 978-3-96905-290-7

Inhalt

Ist-halt-so-Land

Viele Landsleute sagen: Das Glas ist nicht halb leer, das Glas ist ganz leer. Tja, das ist so, weil: Deutschland schmiert ab. Und dafür gibt es Gründe. Einige davon sind einfach peinlich, andere treiben einen in den Wahnsinn.

Es gibt Nörgler, die behaupten: Deutschlands einstige Stärken sind heute unsere Schwächen. Ich habe darüber nachgedacht und festgestellt: Wenn man es genau betrachtet, ist zurzeit fast alles auf eine beklemmende Art scheiße.

Wir halten uns für diszipliniert und ordnungstreu, aber wenn bei Lidl eine zweite Kasse aufmacht, schmeißen die Leute aus dem Gang mit den Fruchtsaftgetränken panisch ihr Sandwichtoast vor aufs Band – wie sonst auf Malle ihre Handtücher auf die Liege.

Selberscannen geht aber auch nicht. Jedes einzelne Mon-Chéri-5er-Stängelchen löst lauten Alkoholalarm aus. Bin ich schon 18? Das ließe sich mittels der Bezahlkarte überprüfen. Aber, nee, so was möchten wir Deutschen irgendwie nicht. Zu digital. Zu unheimlich. Da muss dann schon eine Dame des Hauses höchstpersönlich anzuckeln, um die Kasse wieder freizugeben. Nur, wann kommt die? Was, wenn die an Kasse 2 noch Münzen zählen muss, weil einer der vielen Barzahler sein dickes Portemonnaie endlich wieder dünn bekommen möchte?

Immerhin: Bei meinem Edeka um die Ecke kann man jetzt Punkte in einer App sammeln. Dann kommt der Kassenbon sogar aufs Handy statt auf den Streifen aus Papier. Läuft!

Wobei, blöd ist natürlich, dass im gesamten Laden kein Mobilfunkempfang ist. Deshalb hat der Inhaber extra ein Kunden-WLAN eingerichtet. Kundenservice top. Die Kassiererinnen sagen immer gleich dazu: »Ins WLAN kommen Sie wahrscheinlich nicht rein.« Ein Azubi gab mir an der Kasse jüngst den Tipp: »Öffnen Sie die App schon vor dem Einkauf draußen. Vor der Tür unter freiem Himmel geht's meistens.«

Verstehen Sie? Diese deutsche Mittelmäßigkeit meine ich. Diese Muss-irgendwie-auch-so-gehen-Haltung, die zieht uns runter.

Früher haben wir über die Deutsche Bahn gelacht, heute weinen viele, wenn sie eine Flugreise buchen müssen. Wenn dann der Online-Check-in nicht klappt, heißt es an der Hotline des deutschen Reiseanbieters: »Ja, das ist normal. Unsere App taugt nämlich nichts.«

Und an Bord dürfen Sie leider nicht aufstehen, um den Flugbegleitern auf Knien zu danken, wenn die Ihnen einen kleinen, einzeln verpackten Keks kostenlos überreichen. Das ist heute der deutsche Luxus über den Wolken.

Wir lachen über Behördenfaxe und lassen die digitalen Funktionen unseres Persos sperren. Während die Menschen in Dänemark oder Estland fast keine Post mehr auf Papier bekommen, brauchen wir im Sommerurlaub jemanden, der den heimischen Briefkasten leert. Der Bundesrepublik Deutschland und den Bundesländern aber unsere E-Mail-Adresse geben? Ha-hallo? Datenschutz!

Nicht, dass Sie jetzt denken, das hier sei so ein Buch voll destruktivem Gemecker über die eigene Heimat, in der früher alles besser war. Damals, als die Lebkuchen erst im Oktober in die Läden kamen und nicht schon kurz nach Ostern. Nein, nein! In diesem Buch sollen auch Errungenschaften gewürdigt werden.

Hier: Wir haben damals ruckzuck die beste Coronaimpfung erfunden. Jetzt soll es dank Biontech und deren deutsch-türkischem Gründerpaar dem Krebs an den Kragen gehen. Was zeigt, wie wichtig Fachkräfte aus dem Ausland für unsere Zukunft sind. Früher galt: Wolle mer se reinlasse? Heute sollde mer se nimmer rauslasse. Eigentlich. Aber viele gehen einfach wieder. Weil es hier zu kompliziert, engstirnig und rückständig ist. Für deren Verhältnisse. Die einzigen, die ganz unbürokratisch Fremde reinlassen, sind unsere Offiziere in ihren Webex-Meetings. Und das ist auch wieder nicht gut.

Neulich hat ein Freund beim Brunch gesagt: »Digga …« Ach, eigentlich war es ganz anders, er sagte: »Alter.« Er sagte: »Alter, mein Deutschlandgefühl kotzt mich an.«

Ich wusste sofort, was er meinte. Fast hätten wir uns heulend in den Armen gelegen, aber keine Zeit, der Veggie-Laxx lag in der Sonne und wollte gegessen werden. Zumindest musste er mir seine Gefühle aber nicht genauer beschreiben.

Dieses Deutschlandgefühl: Erinnern Sie sich an den Moment, als Sie zum ersten Mal in Ihrem Leben an Ihrem Land, an diesem Deutschland gezweifelt haben? Bei mir war es folgendermaßen: Im Alter von etwa fünf Jahren legte ich die Hand auf den Wassersparspülknopf, nachdem ich auf einen sogenannten Flachspüler gegangen war. Diese Toiletten mit in die Keramik eingebautem Serviertablett. In dem alles etwa drei Millimeter tief im Wasser liegt. Bevor es dann von der Brandung des Spülwassers abgetrieben wird wie ein auf Grund gelaufener Tanker von der aufquellenden Flut. Was soll das? Erst allmählich, zu langsam, haben wir erkannt: Für die Sitzung ohne Spritzung gibt es elegante Designlösungen, die einen nicht in den Selbstekel treiben.

Wie konnte uns Deutschen so etwas wie der Flachspüler nur unterlaufen?

Das frustrierende Deutschlandgefühl speist sich aus vielen Einzeldesastern. Gehen wir es fein säuberlich durch. Detailverliebt, das können wir doch.

Lesen Sie das Buch mit seinen 40, nein sogar 42 Kapiteln mit voller Aufmerksamkeit und Seite für Seite – hat ja schließlich was gekostet!

Nachts in Deutschland. Keine Autos, die Ampel ist rot. Und wir halten an.

Halten Sie an? Natürlich tun Sie das. Wir alle halten an. Und das zeigt nur, wie kaputt diese Nation ist. Im Land der Autoerfinder sitzen wir an ausgestorbenen Kreuzungen vor roten Ampeln, obwohl niemand quert.

Stellen Sie sich zur Einstimmung in dieses Kapitel vor, wie Sie selbst dort mit im Auto sitzen. Es ist tiefste Nacht. Sagen wir mal 4:12 Uhr. Hinter Ihnen steht niemand. Links kommt nichts. Rechts kommt nichts. Nach vorn strebt die leere, tote Straße aus Ihrem Scheinwerferlicht ins Nirgendwo. Ihr Blick fixiert kurz das blendend rote Licht der Ampel, dann den Tacho: 0 km/h.

Ihre Kaumuskeln entspannen sich, die Gedanken treiben dahin. *War ja klar, dass ich heute Abend wieder allein nach Hause fahre. Ist das da vorn ein Igel? Ich muss mal wieder tanken. Obwohl – das reicht noch bis Mittwoch. Benzin ist viel zu teuer. Und das Tiramisu war zu trocken. Da gehört mehr Amaretto rein. Morgen mache ich Sport. SAMMA, WAS IST DENN JETZT HIER?*

Sie starren der Ampel in ihre rot glühende Fresse! Blicken gedemütigt in alle drei Spiegel. Sie sind allein.

Und was passiert jetzt?

Ich sage Ihnen, was jetzt passiert:

Sie finden sich damit ab.

Wir alle finden uns damit ab. Wir lassen die Schultern fallen, bis sie, von vorn betrachtet, die Form eines alten Plastikkleiderbügels haben. Reicht das für die Weltspitze? Lassen Sie mich meine Befürchtung einmal so formulieren: Nein.

Wo bleibt unsere Rebellion an der Ampel nachts um 4:12 Uhr? Wo bleibt unser Wille, diesen und anderen Unsinn aus der Welt zu schaffen? Es sind kleine Blödsinnigkeiten wie diese, die uns in Summe einlullen. Wir sind Ist-halt-so-Land geworden.

Vom ICE gibt es einige Baureihen, bei denen die Türöffnertaste grün aufleuchtet, sobald der Lokführer die Türen freigegeben hat. Im ICE 1 allerdings sehen die Knöpfe während der Fahrt und vor dem Öffnen fast identisch aus, haben sogar kleine perlenartige Punkte in ihrer Mitte, also in einem Fake-Leuchtdioden-Design. Denn sie können nicht leuchten. So stehen regelmäßig Wenigfahrer an den Bahnhöfen im Zug an den Türen, halten ihren Zeigefinger krumm gereckt in Habachtstellung in Höhe ihrer Brustwarzen und warten auf das grüne Licht. Das niemals kommen wird. Bis ein Vielfahrer aus der Schlange von Warteposition zwölf vorkräht: »Drücken!«

Dieser ICE-1-Fail kostet an jedem Bahnhof wertvolle Sekunden, die sich auf einer Strecke von Berlin nach Basel mit Sicherheit zu mehr als anderthalb Minuten Verspätung addieren. 90 Sekunden? Nun, wegen 90 Sekunden Verspätung sind in Japan schon Lokführer gefeuert worden. In Deutschland hängt die Pünktlichkeit nicht am Lokführer, sondern daran, wann Hinz, Kunz oder Özber auf den richtigen Knopf drücken. Wegen 90 Sekunden habe ich schon Anschlusszüge verpasst.

Zurück zur nächtlichen Ampel: Sollen wir also künftig bei Rot an einer einsamen Ampel einfach losfahren? Herrlich wär's. Aber: *Nein!*

Wer möchte schon, dass Hinz, Kunz oder Özber entscheiden, wann es vertretbar ist, die StVO StVO sein zu lassen? Selbstjustiz am Steuer – das wäre auf lange Sicht unverantwortbar.

Es gibt zwei Gelegenheiten, bei denen es hierzulande erlaubt ist, bei Rot über die Ampel zu fahren: wenn von hinten ein Tatütata kommt und wenn die Ampelanlage ganz offensichtlich und zweifelsfrei defekt ist. Genau das ist mir im vergangenen Sommer passiert. Ich saß am Steuer, mit im Auto noch drei Freunde: zwei Deutsche, ein Portugiese. Nach vier Ampelphasen, während derer einzig unsere Fahrspur niemals Grün gezeigt bekam und sich die Schlange hinter uns schon zweispurig verknäulte, machte ich Anstalten, das Schlamassel zu entschlamasseln. Ich fuhr *vorsichtig* über die Haltelinie.

Augenblicklich erschallte es dröhnend von Beifahrersitz und Rückbank.

Freund 1 (deutsch): »Das machst du nicht, das darf man nicht. Das ist doch irre! Das ist Selbstmord. Marcus, du gefährdest auch uns!«

Freund 2 (portugiesisch): »*YEAH!!!!!*«

Verstehen Sie? Wir brauchen eine Lösung, die zu uns passt. Irgendetwas mit »sagenumwobener Ingenieurskunst«.

In Hamm in Westfalen, das unrühmliche Bekanntheit genießt als die ICE-Doppelzug-Kuppel-Stadt, verhasst bei allen Bahnfahrern, weil das mit dem Kuppeln nur in der Theorie der Siemens-Broschüre funktioniert, also in diesem Hamm gibt es die erste intelligente Ampel Deutschlands.

Mithilfe von angeberischen Vektorberechnungen, in die Daten wie Geschwindigkeit und Fahrtrichtung einfließen, wird ermittelt, wie lange der jeweilige Verkehrsteilnehmer bis zur Ampel braucht. Die KI versucht dann, Wartezeiten zu verkürzen oder ganz abzuschaffen. Etwa indem das System Grünphasen für Fahrradfahrer verlängert (was ja auch für Autofahrer gut ist, denn dann fahren die nicht so oft beim Abbiegen über die Fahrradfahrer drüber, was jedes Mal einen Rattenschwanz an Bürokratie nach sich zieht).

Was kostet so ein Ding? Zwei Millionen Euro pro Anlage? Nein. 750 000? Nein. Die Kosten für die Ampel liegen der Stadt Hamm zufolge bei 80 000 Euro. Dafür muss eine alte Frau zwar lange stricken, aber dafür ist die alte Frau dann nachts auch früher zu Hause.

Zum Schluss noch ein Totschlagargument: In Südafrika fährt man nachts grundsätzlich bei Rot über die Ampel, damit man beim Halten nicht von Autoklaubanden erschossen wird. Es kann nicht sein, dass es hierzulande erst so weit kommen muss, damit wir zu später Stunde nicht ewig an der Ampel stehen.

Ich spüre es: Ich habe Sie überzeugt.

Deutsche Brotkultur heißt: Aufkleber mitessen

Früher haben wir unserer schwedischen Verwandtschaftshälfte gern deutsches Brot mitgebracht. Alles andere hatten die da oben selbst, aber beim Thema Brot wurde es kritisch. Aus deutscher Sicht ist das ja auf der ganzen Welt so:

»Wie war der Urlaub?«
»Toll. Aber das Brot – nee!«

Früher, da hat meine Mama unseren Leuten in Stockholm einfach Schwarzbrot mitgebracht. Heute muss vorher alles genau besprochen werden. Per Teams. Und das liegt an Starbucks und deren Nachahmern! All diese Caféketten haben uns weltweit darauf konditioniert, als Reaktion auf die Frage »Was willst du essen/trinken?« im Kopf einen Desktop mit unzähligen Kategorien aufzufächern. Detailfragen zum Produkt wurden im alten Jahrhundert nur beim Italiener gestellt und beantwortet: »Mit doppelt Käse. Aber ohne Oliven.« – »Scharf?« – »Nein danke.« In den Nullerjahren wurde »ein Kaffee« zum Überbegriff für rund 72 Unterpunkte. Es ist Starbucks sogar gelungen, uns deren Tassengrößenbezeichnungen unterzujubeln, die ohne längliche Diskussionen das Lebensmittelzertifikat »ballaballa« verdienen:

- Die kleinste Tassengrößte heißt *tall*, das ist Englisch für »groß«.
- Die mittlere Tassengröße heißt *grande*, das ist Italienisch für »groß«.
- Die große Tassengröße heißt *venti*, das ist Italienisch für »Winde«.

Und wir machen das mit. Finden Sie das etwa nicht devot oder dämlich?

Na ja, es gibt Wichtigeres: unser Brot. Gefühlt gibt es eigentlich nur zehn Sorten. Weißbrot, Mischbrot, Sauerteigbrot, ein kerniges Vollkornbrot, Rosinenbrot (im Winter mit Augen und Plastikpfeife), dann was mit Kümmel, was mit Zwiebeln, Pumpernickel, Brezeln und das Ganze für sonntags als Brötchen. Irgendwie so. Und natürlich ein paar bröckelige glutenfreie Sorten für diejenigen, die mal eine Unverträglichkeit ausprobieren wollen.

In Wirklichkeit ist das anders. Ich habe mal mit einer großen bekannten Suchmaschine gegoogelt: Es gibt offenbar über 3000 registrierte deutsche Brotsorten. Von A wie Alter Fritz und Apfelweinbrot bis Z wie Zeusstange und Zwillingskruste. Verschiebt sich das Zutatenmischverhältnis also um ein einziges Atom, gibt es einen neuen Namen: Knorzebrot, Mini-Maxi, Saftheini.

Irgendwann stand die Branche also vor einem Problem: Wie sollte man als Kunde diese regelrechten Markennamen so weit auseinanderhalten, dass man die Bäckereifachangestellten nicht zur Weißglut brachte mit Hinweisen wie: »Das Knubbelige da neben dem Kubischen.«

»Das?«

»Nein, *das* ist doch wohl nicht knubbelig, das ist feist.«

Die kurzsichtige Lösung: Brotsortenbeschriftungsaufkleber. Und da haben wir es wieder. Wir wollen in Deutschland alles perfekt machen. Und vergessen die Sache mit dem Zu-Ende-Denken: Da pappen nun Großbäckereien Aufkleber auf Brote, auf denen der Name der Brotbackmischung steht. Und wenn man den Aufkleber zu Hause auf dem Küchenmittelblock vom Brot abpult, bleiben Klebstoff und Papierfetzen an der rauen Kruste hängen.

Und so knibbeln und popeln und spucken wir am Abendbrottisch nun alle Aufkleberfetzen über den Aufschnitt. Es sei denn, jemand erbarmt sich und weicht die Brotkruste vor dem Aufschneiden mit einem nassen Lappen ein, damit sich der Aufkleber abziehen lässt.

Seit ich denken kann, gelingt es anderen Nationen, Bananen, Gurken, Orangen mit Aufklebern zu bestücken, die sich restlos nach kurzem Zippeln entfernen lassen. Mit diesem vertrauten Rsst-Geräusch. Ist unsere Aufkleberkultur reif, zu diesem Weltstandard aufzuschließen? Ich traue uns das zu. Vielleicht kann Brüssel uns mit einer entsprechenden Regelung unterstützen.

Fetisch Pünktlichkeit: Die Bahn macht uns zu Minutenmasochisten

Im Alter von 13 Jahren habe ich mich mit einem Klassenkameraden zu unserer ersten Judostunde verabredet. Der Klassenkamerad kam knapp 20 Minuten zu spät. Ich habe ihn damals ernsthaft für geisteskrank gehalten.

Ich war als Kind ein sehr pünktlicher Mensch, müssen Sie wissen. Manchmal kam ich zu früh zu einer Verabredung und habe dann mit dem Fahrrad noch eine Runde um den Block gedreht, was gefährlich war, weil ich den Blick immer auf den Sekundenzeiger meiner Junghans-Armbanduhr gerichtet hatte. Bei so was fährt man als Kind gern mal frontal vor einen Bus.

Heute ist das alles anders. Denn heute habe ich eine BahnCard 100. Da richte ich mich beim Thema Pünktlichkeit notgedrungen nach anderen. Wie die es halt einrichten können!

Gemäß der offiziellen Fahrgastrechte ist eine Verspätung ohnehin erst ab 60 Minuten relevant. So weit sind wir mittlerweile. Bei 60 Minuten!

Wie stehen Sie zum Thema Pünktlichkeit? Wollen wir jetzt die Sekundenknauser sein, über die Touristen – wieder zurück im heimatlichen Spanien, Italien und Frankreich – halb belustigt und halb mit schlechtem Gewissen auf Insta berichten: »Wenn man in Deutschland zehn Minuten zu spät kommt, ziehen die schon ’ne Flunsch.« Und wir denken uns: *Freundchen, ab drei Minuten.*

Wenn wir dieses Selbstverständnis beibehalten wollen, dann müssen wir aktuell mit einer Identitätskrise zurechtkommen, die von morgens bis zur *Tagesschau* andauert. Nach Letzterer kann man sich noch nicht einmal mehr die Uhr stellen. Zwar startet die *Tagesschau* pünktlich auf die Sekunde, aber wegen DVB-T, Streaming und digitalem HD-Kabel kommt der magische Gongschlag des Ersten Deutschen Fernsehens in jedem Haushalt zu einem anderen Zeitpunkt vom Sideboard über die Schnittchenplatte gescheppert.

Auch bei vielen Geschäftsterminen muss man nicht mehr pünktlich erscheinen. Denn die sind ja meist online. Und da geht immer: »Sorry, irgendwie kam ich bei Teams/Zoom/Webex nicht rein.«

»Ja, das kenne ich.«

Pünktlichkeit: na ja. Man holt sich erst noch einen Kaffee, drückt dann auf »Beitreten« und redet sich raus. Ist das noch Lässigkeit oder schon innere Verwahrlosung? Entscheiden Sie selbst!

Wenn wir den Pünktlichkeitsanspruch vollends aufgeben und sich die neue deutsche Gleichgültigkeit in den kommenden Jahren international herumspricht – wer sind wir dann noch? Die mit dem Bundeskanzler mit Augenklappe und ohne Tempolimit.

Banane, Bierflasche, Bratpfanne: Warum trennen wir Müll nicht alphabetisch?

Ich würde das mit den klimaunfreundlichen Fernreisen ja sofort sein lassen. Aber ich kann nicht anders. Blaues Meer, weißer Strand, Kaktusse (*Doch!* »Kaktusse« kann man auch sagen!), fremde Sprachen, inspirierende Gerüche und Geschmäcker, Sonne – ach, es ist gar nicht dieser 1990er-Kitsch, für den ich in den Flieger steige. Was mich an fernen Ländern so fasziniert: Man kann da einfach den ganzen Müll zusammen wegschmeißen. Den ganzen Sack unbesehen rein in den stinkenden Container! Ahhhhhh, ausspannen. Kopf aus, Seele baumeln lassen.

Zu Hause denken wir unentwegt an Müll. Selbst am Bahnsteig. Burgerpapier ist zwar nach allgemeinem Dafürhalten ganz klar kein Glas, aber ist es nun Papier im Sinne des dreigliedrigen Mülleimers? Oder Restmüll wegen der Mayo dran? Beraubt Soße das Papier *seines ursprünglichen Status*? Oder wie sagt man das? Tja, das wissen Sie auch nicht so genau, oder?

Und das liegt nicht an Ihrer unendlichen Dummheit (die Sie, so wie ich Sie kenne, sicherlich nicht Ihr Eigen nennen), sondern an denen da oben – oder zumindest an denen in den Amtsstuben mit vertrocknetem Farn und den vergilbten Faxgeräten.

Das Regelwirrwarr ist nämlich irrsinnig.

Danke, Merkel/Scholz/.............. (Raum für Notizen).

Wir waren mal wer – beim Müll. Heute ist unser Glücksgefühl längst tot. Da regt sich nichts mehr beim Einwurf. Wir sind seit Dekaden vom System eingelullt worden, sodass wir nichts mehr hinterfragen. Und sind nun überrascht, wenn Einwanderer in speziellen Mülltrennseminaren an unserem Mülltrennirrsinn verzweifeln, einfach weil sie fragen: Warum?

Hier ein paar Regeln, die man beachten muss, um in Deutschland Müll zu trennen:

1. Verpackungen mit dem grünen Punkt gehören in die gelbe Tonne. Aber auch Verpackungen ohne grünen Punkt gehören in die gelbe Tonne.
2. Die Verpackung muss »restentleert« sein. Das bedeutet, dass ein kleiner Rest eben gerade *nicht* entleert sein muss. Wir Deutschen haben dafür ein neues Wort geschaffen: »löffelrein«. Was aber, wenn sich in einer Plastikflasche mit Chlorreiniger noch ein Schluck befindet? Hier gilt: Nicht mit dem Löffel rein!
3. Bratpfannen und Gießkannen aus Plastik gehören manchmal in die gelbe Tonne, manchmal nicht. Das hängt von der Kommune ab. Wer etwa in Berlin lebt (da ist die gelbe Tonne eine praktische Wertstofftonne) und seine Familie in Frankfurt am Main besucht (etwa um dort eine alte Bratpfanne zu entsorgen), droht sich beim Mülltrennen zu blamieren (Frankfurt ist eine Bratpfannen-in-den-Restmüll-Metropole).
4. Manchmal wird nach Weißglas, Grünglas und Braunglas getrennt. Manchmal nur nach Weißglas und Buntglas. Manchmal werden Grünglas und Braunglas in getrennten Containern gesammelt und dann auf dem Lastwagen zusammengekippt. Aber der Deckel muss ab. Obwohl bei den Recyclern riesige Magnete die Deckel herausfischen können. Viele Deckel sind aber

nicht magnetisch. Und wohin kommt die halb volle Ketchupflasche?

5. Papier und Pappe werden in der Papiertonne gesammelt. Das Papier muss dafür irgendwie löffelrein sauber sein. Muss man besagtes Burgerpapier mangels Löffel ablecken? Was, wenn Käse dran ist, der schon erkaltet ist und damit nicht mehr zungenprobat entschleckt werden kann? Wie viele Kubikmeter Papier werden durch eine Scheibe Essiggurke kontaminiert? Ich habe schon Menschen beim Blick in den Mülleimer weinen sehen.
6. Es gibt Glasflaschen mit Pfand und welche ohne. Auf energieintensiven Glasflaschen ist weniger Pfand als auf Einwegplastikflaschen. Mehrwegplastikflaschen gibt es auch. Bei Saft: kein Pfand. Bei Limonaden und Wasser: Pfand. Tee- und Kaffeegetränke, wenn sie kalt (!) getrunken werden sollen: Pfand. Schlecht gekühlt: trotzdem Pfand. Alles eine Frage der Lobbyarbeit in der jeweiligen Branche. Bier: Pfand. Wein: nein.
7. Händler müssen Einwegpfandbehälter nur zurücknehmen, wenn sie Verpackungen aus der jeweiligen Materialkategorie Glas, Blech oder Plastik selbst verkaufen, unabhängig davon, ob sie das Getränk der jeweiligen Marke wirklich anbieten. Aber Achtung: Wenn Ihr Laden kleiner ist als 200 Quadratmeter, dann müssen Sie nur die bei Ihnen verkauften Verpackungen wieder zurücknehmen. Gut bewertete Lasermessgeräte gibt es bei Amazon ab rund 30 Euro. Damit berechnen Sie die Grundfläche des Ladens in Windeseile.
8. Können Sie noch? Mehrwegflaschen müssen *immer* nur dort angenommen werden, wo sie auch verkauft wurden.
9. Halogenlampen dürfen in die schwarze Tonne, LED-Lampen sind Sondermüll.
10. Sollen Lebensmittelreste auf den Kompost, dürfen keine gekochten Lebensmittel dabei sein, sonst kommen die Ratten. In

der braunen Tonne, auch Biotonne genannt, ist verarbeitetes Essen okay. Milchprodukte wie Quark dürfen in die Biotonne, Milch selbst aber nicht. Fischgräten dürfen rein. Das Bundesumweltministerium hat dafür einst eine Empfehlung herausgegeben: Gräten bitte in Zeitungspapier einwickeln. Aber doch wohl nicht in bunt bedrucktes!

11. Die Naturrinde vom Käse in die braune Tonne. Ist die Rinde künstlich, kommt es darauf an: Wachsrinde kommt in die graue Tonne, Plastikrinde in die gelbe, wobei man sich natürlich darüber streiten kann, ob die Rinde eine Verpackung ist. Wenn nein, darf sie nur in die gelbe Tonne, wenn diese eine Wertstofftonne ist.
12. Frittierfett als reines Naturprodukt gehört nicht in die Biotonne, sondern in die graue. Dort darf wiederum kein Mineralöl entsorgt werden. In der Biotonne aber natürlich auch nicht. Speiseöl aus der Pfanne darf nicht in den Abfluss gegossen werden, sondern muss in den Restmüll. Weil das Öl flüssig ist, muss es aber in einen Behälter (der eigentlich in den Glas- oder Verpackungsmüll müsste, aber Öl schlägt Verpackung. Stich!).

Nach aktuellen Schätzungen von Branchenexperten besteht der Müll in der gelben Tonne, in die ja Verpackungsmüll reinsoll, zu 40 bis 60 Prozent aus dem falschen Abfall. Streichen Sie also bitte die Schlagzeile »Die Deutschen sind Mülltrennweltmeister« aus Ihrem Kopf.

Natürlich gibt es für den peinlichen Murks im Deutschen wieder ein spezielles Wort: »Fehlwurfquote«. Wenn es hochkommt, dann liegt die Fehlwurfquote in der Gelben Tonne demnach bei 60 Prozent. Im Grunde ist es also eigentlich ein riesiger Haufen stinkender Restmüll mit einer kunterbunten Beimischung von 40 Prozent Verpackungsmüll. Wir können es einfach nicht! Und ganz ehrlich: Welcher Mensch von Verstand will das können? Mülltrennen ist höchstens etwas für Leute, die sich nicht zu fein sind, die Zahl Pi bis auf die 7-millionste Stelle hinterm Komma auswendig zu lernen.

Ich denke nur mal laut: Wenn das System mit rund der Hälfte oder sogar 60 Prozent falschem Müll seit Jahren läuft, wäre es dann so schlimm oder nicht sogar von Vorteil, wenn wir Verpackungen gar nicht mehr vom Restmüll trennten? Die gelbgraue Tonne! Es gibt längst automatisierte Anlagen, die das mit dem Trennen besser können als jeder Mensch. Himmel, wenn KI, dann doch wohl bitte hier!

Rund 40 Prozent des von uns löffelrein ausgekratzten, abgeleckten, in der Miele vorgespülten und mit dem Seidentuch polierten Verpackungsmülls wird übrigens verbrannt. Nennen Sie mich einen Lügner, und Sie blamieren sich. Der ganze deutsche Mülltrennprozess ist laut Fachleuten heillos veraltet. Stand 1980 reicht! Nicht! Aus! Für Weltspitze!

Mein Vorschlag zur Güte: Sobald wir nicht mehr trennen müssen, fliegt niemand mehr in Urlaub.

Fachkreftemangel: Der Duden raupt uns Chancen

Dass das mit der Rechtschreibung ein großer Feler ist, weiß ich seid meiner Kindheit. Damals habe ich zu meiner Lehrerin, Frau Westphal, gesagt: »Ich verstehe das nicht.«

»Was verstehst du nicht?«

(Sie roch immer sehr stark nach Zigaretten, wenn sie sich über mich beugte, weil ich etwas in meinem Schreibheft nicht verstanden habe.)

»Das.« Ich zeigte auf das mit Rot angestrichene Wort »Betttuch«.

»Betttuch schreibt man nur mit zwei t.«

(Es ist schon ein bisschen absurd, wenn man nach der Rechtschreibreform über Dialoge zur Orthografie schreibt, die in der Zeit vor der Reform stattgefunden haben.)

Also: Betttuch nur mit zwei t. Es ging mir nicht in die Birne. Bett + Tuch = Bettuch, also ein Tuch, auf dem man sich nicht bettet, sondern betet. Ich hasste die Schule. Und Rechtschreibung. Und alles andere auch.

War ich dumm? War ich nicht gesellschaftskompatibel? Nein, die Rechtschreibung war es nicht. Wurde ja dann später auf meinen Wunsch hin geändert. Ich fand die Reform großartig. Allein wegen des Wortes Betttuch, das nun ein t mehr bekam. Ich war versönt.

Was ich aber fragen will: Ist die Rechtschreibung heute gesellschaftskompatibel?

Kann eine zementierte Orthografie in der schnelllebigen Zeit noch der Maßstab für irgendetwas von Belang sein? Das Beste an der

Rechtschreibung ist ja: Besserwisser (meist pensionierte Lehrer mit klappbarer Handyhülle) haben ihre Lizenz zum Klugscheißen in Buchform schriftlich. Nichts lässt sich schneller nachweisen als die eigene Überlegenheit gemäß Duden. Für mehr Reläxtheit müssten wir also überlegen, den Duden zu verbiehten.

Weil ja bislang gilt: Rechtschreibkompetenz = Zurechnungsfähigkeit. Macht das noch Sinn? (Für die mit klappbarer Handyhülle: »Ergibt« das noch Sinn?) Ist diese Haltung zum Beispiel bei der Suche nach neuen Mitarbeitenden noch zeitgemäß? Oder eher schädlich oder gar anmaßend? Können wir noch erwarten, dass andere die Rechtschreibung so wichtig nehmen wie wir selbst?

Dieser Artikel ignoriert einige Rechtschreibregeln. (Schonn gemärkt, wa?) Können Sie damit lehben? Mir persönlich fällt das Schreiben mit Rechtschreibfehlern bislang schwer. Falsch zu schreiben fült sich für mich so an, wie den eigenen Goldfisch zu schlucken. Kann ich zur Not mahchen, aber alles in mir sträubt sich. Ich unterliege immerhin einer vier Jahrzehnte währenden Gehirnwäsche. Von der ersten Klasse bis zur heutigen Rechtschreibkontrolle meiner Arbeit. Falsch zu schreiben ist technisch kaum noch möglich. Mein Laptop will es nicht und kohrigiert mich, und kohrigiert mich, und ich triezze ihn jusst in dieser Sekunde bis kurz vor die Prozessorexplosion.

Allerdings habe ich mich schon mit Personalern unterhalten, die mir gesagt haben: »Beim zweiten Rechtschreibfehler im Anschreiben lege ich die Bewerbung weg. Ablage P. Da kenne ich nix.«

Oh. Das klingt nach der Überheblichkeit zur Zeit der großen Arbeitslosigkeit. Nach Nullerjahren. Ist das heute nicht die reinste Ressourcenverschwendung?

Haben wir uns in der uns Deutschen eigenen Liebe zur Perfektion von der Einschulung an in eine Kleinkariertheit treiben lassen, die den Fokus auf das wirklich Wichtige verstellt? Insbesondere darauf, bisher Gültiges immer mal wieder infrage zu stellen? Sind die, die nähmlich mit h schreiben, vielleicht gar nicht dähmlich, sondern womöglich auf Gebieten kompetent, die die Unternehmen deutlich schneller voranbringen und den Wohlstand auf unserem schönen Kontinent besser bewahren könnten, als das mit der korrekten Aneinanderreihung von Buchstaben möglich ist?

Zunächst: Rechtschreibregeln zu lernen, ergibt aus vielerlei Gründen Sinn:

1. Einheitliche Schrift ist schneller lesbar und verständlich. Sinnzusammenhänge werden schneller klar. Das Hören von Sprache gelingt allerdings ganz ohne Schriftzeichen.
2. Aktive Lehrer erzählen mir: Rechtschreibregeln sind gut für die Synapsen in den noch wachsenden Gehirnen. Vielleicht ließen diese sich aber auch anders trainieren.
3. Orthografie sagt viel aus über die Herkunft der Wörter (Etymologie). Kleines Aber: Dieses kulturelle Pfund interessiert niemanden außer die Etymologen.

Was halten Sie von folgendem Gegenargument: Alles wurscht!

Egal, was wir von den Orthografieregeln halten: Steht es uns Orthojüngern (noch) zu, unsere traditionellen, vielleicht ja eben auch tradierten Maßstäbe anderen reinzuwürgen? Gerade zu Zeiten des Fachkräftemangels. Sport ist auch besser als Herumsitzen. Aber fänden Sie es akzeptabel zu sagen: »Übergewichtige Menschen lade ich nicht zum Vorstellungsgespräch«?

1. »Ich mache das aber immer anders.«

Die junge Generation (Gen Z oder wie sie heißt) stellt aus gutem Grund vieles infrage, was sie von der Eltern- und Großelterngeneration vorgesetzt und hinterlassen bekommt. Ich sage: kein Wunder.

Die Auswüchse der Dekadenz fliegen uns um die Ohren, so wie wir selbst vor zwanzig Jahren für zwei Euro nach Malle geflogen sind. Wir versenken die Eisberge und damit unsere eigene Zukunft. Aus Sicht der Jungen bringt die ältere Generation nicht das moralische Kapital mit, dem Nachwuchs, der nun alles ausbaden muss, bis ins kleinste Detail zu erklären, wie es hier auf Erden zu laufen hat.

Ich höre mitunter aus Schulen von den Lehrenden: »Es gibt Schüler, die sagen mir: ›Ich mache das aber immer anders.‹«

Ich muss zugeben: Es anders zu machen, ist gegenwärtig in vielen Belangen des Lebens gar nicht mal so blöd. »Das schreibt man halt so«, zündet da vielleicht nicht bei allen jungen Menschen.

Schreiben war früher etwas Hochoffizielles (Schule, Behörden, Uni). Viele der heute jungen Menschen hingegen schreiben wegen der digitalen Kommunikationsformen wohl mehr im Privaten als für die Schule. Da verliehrt die Schule in Sachen Schreibkultur automatisch an Autorität. Ist das schlümm?

2. Migranten setzen die Prioritäten anders.

So wie sich auf dem ganzen Globus nach und nach eine Weltsprache durchsetzt, die je nach Region immer weniger dem in Britannien gesprochenen Englisch ähnelt (was interessiert es, wie man etwas in London beim Tee mit abgespreiztem kleinem Finger sagen würde?), setzen sich auch durch die Ideen der nach Deutschland zugewanderten

Menschen neue Prioritäten in der Rechtschreibung durch. Motto: Wenn man in Gedanken ausspricht, was da an Buchstaben aneinandergereiht steht, kapiert man es.

Ich kenne Fälle, in denen Berufsschulen die deutschen Rechtschreibkünste von Menschen mit nicht deutscher Muttersprache weitgehend ignorieren. Alles andere würde den aufstrebenden Talenten völlig sinnfrei das Zeugnis und damit ihre berufliche Zukunft verhageln. Gute Pfleger und Elektrotechnikerinnen zeichnen sich eben nicht durch fehlerfreie Texte aus. Nicht nur die Deutsche Bahn verzichtet daher längst darauf, in Bewerbungsverfahren ein Anschreiben zu verlangen.

Die CDU argumentiert inzwischen, wir sollten Migrant_innen durch neuartige genderneutrale Schreibweisen das Erlernen der deutschen Sprache nicht unnötig schwer machen. Dieser weltoffenen Logik der Konservativen folgend (je leichter die deutsche Sprache erlernbar ist, desto attraktiver ist Deutschland für die dringend benötigten Einwanderer), wäre der radikale Rechtschreibgleichmut der Idealzustand. Denn es stimmt ja:

3. Der Fachkräftemangel, der Fachkräftemangel!

Früher galt der Bewerber ab drei Tippfehlern als heißer Anwärter für die Gummizelle. Und es war schon damals klar, dass sich die Unternehmen dadurch um große Talente brachten. Heute können sich viele Unternehmen ein solches Auswahlverfahren gar nicht mehr leisten. Es gibt Firmen, wenn bei denen überhaupt noch eine Bewerbung reinkommt, fühlt sich das für die Personaler an wie der perfekte Orgasmus.

Jetzt heißt es umdenken. Folgende Konsequenzen wären möglich:

1. Ein neues orthografisches Business Casual: Fehler, die die Autokorrektur nicht findet, gelten als egal. So wie ein zerbrochener Keks in der Bahlsen-Blechbüchse.
2. Kritik an Tippfehlern wird wie die Kritik am Körpergewicht zum Mobbing erklärt.
3. Im Hirn entstehen neue Synapsen. Und wer weiß, wofür man die noch gebrauchen kann.

Ja, es stimmt schon: Rechtschreibung ist ein Stück deutsche Kultur. Es zwingt uns aber auch niemand, den ganzen Tag Behthofen zu hörn.

Die deutschen Apotheken: Neu bedeutet Gefahr

Nicht, dass ich mir ein Apothekensterben wünsche. Apotheken dekorieren ihre Schaufenster immer so schön. Für Apotheker gibt es ja keine Jahreszeiten, sondern lediglich Saisons: Da wäre die Erkältungssaison mit Styropor-Schneemännern, die umringt sind von Lutschbarem aus Menthol. Die Heuschnupfensaison mit Marienkäferdekoration und hellgrünen oder hellblauen Postern mit enttäuscht vom eigenen Schicksal ins Taschentuch niesenden Damen und Herren. Dann natürlich die Hautkrebssaison mit aufgeblasenen Rettungsringen, Terrakottaseesternen und Sonnencreme mit LF50+ sensitive. Und schließlich die Depressionssaison mit Kürbissen und Hinweisen, wie gut es tut, sich auch mal etwas Me-Time zu gönnen (zum Beispiel in Form eines Aufgusses mit Kurkuma für die Füße zu 28,99 Euro). Was alles beweist: Apotheker können gut basteln. Das möchte ich aber gar nicht diskutieren.

Denn die Branche der Ortsansässigen spürt, da kommt was auf sie zu. Wenn auch Sie oft allein sind und sich mehr soziale Kontakte wünschen, dann können Sie viel Zeit bei Tinder oder im Flixbus verbringen. Oder Sie machen es sich ganz einfach und schreiben auf Social Media: »Apotheken sind Tante-Emma-Läden mit superlangen Schubladen.«

Sie werden danach Kontakt zu vielen Menschen haben, die sich leidenschaftlich mit Ihnen auseinandersetzen möchten. Ich kenne keinen anderen Berufsstand, der so stramm steilgeht, wie den der Apothekerinnen und Apotheker, wenn man zu bedenken wagt, dass sich auch in ihrem Job einiges verändern wird und es mit den Seesternchen und Kürbissen nicht bis in alle Ewigkeit so weitergehen kann. Viele Apotheker finden, dass sie anderes verdient hätten als die Inhaber und Inhaberinnen von Buchläden, Klamottengeschäften und Bäckereien. Die ja auch darunter leiden, dass alles teurer wird und die Leute gern mal was im Internet anklicken.

Apotheken haftet ein gewisses Made-im-Speck-Image an, wofür sie nur bedingt etwas können, denn die Apothekenzuschläge für Medikamente legen ja wir Kunden als Bürger zum großen Teil selbst fest. Stichwort: repräsentative Demokratie.

Einzig bei der Lakritzschulkreide, den Kirschkernkissen und den Nahrungsergänzungsmitteln langen die Pharmazeuten nach eigenem Ermessen hin. Das sind dann also die sprichwörtlichen »Apothekenpreise«. Aber nichts für ungut. Auch hier sind wir wieder selbst schuld. Bei Rossmann, dm, Müller und Budni gäbe es das ganze Me-Time-Wellness-Equipment für einen Bruchteil des Preises. Was zeigt, dass man zumindest für dessen Vertrieb nicht jahrelang studiert haben muss. Das wiederum nagt natürlich zusätzlich am Zukunftswohlgefühl derer, die das mit der Uni einst durchgezogen haben und sich jetzt am liebsten in den Akademikerhintern beißen würden. Denn: In Deutschland grassiert die Apothekenpleitewelle. Es gibt so wenig Apotheken wie seit 40 Jahren nicht mehr.

Als Kind des vergangenen Jahrhunderts kenne ich das noch so: Tritt aus einem Laden in die Fußgängerzone, blicke nach links und du siehst ein rotes A, blicke nach rechts und du siehst noch eines. Heute gibt es weniger als 18 000 Apotheken in Deutschland. Ist das wenig? Die Bundesvereinigung Deutscher Apothekerverbände Abda findet: Ja. Denn: »Jede einzelne Apothekenschließung wirkt sich direkt auf die Versorgungsqualität der Patienten aus«, hat deren Vizechef Hans-Peter Hubmann gesagt.

Das sehe ich auch so, meine aber, die Qualität kann durch eine selbstverschuldete Auslese in seltenen Fällen auch steigen. Ich war jüngst in einer Apotheke mitten in Berlin und konnte nicht bezahlen, weil die Apothekerin keine Kreditkartenzahlung akzeptierte (»Erst ab zehn Euro und dann auch nur mit EC«). Weil ich so etwas stets als codierte Kunde-leck-mich-am-Arsch-Botschaft verstehe, bin ich weitergegangen zu einer Apotheke am Ostbahnhof. Dort hatte sich herumgesprochen, dass Kundenfreundlichkeit in Zeiten von Apothekensterben durchaus Teil der Überlebensstrategie sein kann.

Und ich denke nur laut: Wäre besagte erste Apotheke schon gestorben gewesen, ich hätte gut eine Viertelstunde gespart, was für mich eine deutlich *bessere* Versorgungsqualität bedeutet hätte.

Kunden ohne Bargeld wandern also gern zum Ostbahnhof – oder nutzen gleich das Onlinegeschäft. Als letzter Ausweg bleibt den Konservativen unter den Apothekern dann nur noch die Angstmache. Andere sollen mit hineingezogen werden: Wenn Apotheken sterben, kriegen die Menschen ihre dringend benötigten Medikamente nicht mehr. Also nicht die Apotheker seien aufgeschmissen, sondern die Kunden.

Dieser Move funktioniert eigentlich nie. Ich sag nur: Galeria Karstadt Kaufhof. Wir Kunden sind nicht dafür da, einst attraktive Geschäftsmodelle für alle Ewigkeit zu subventionieren. Nähgarn und Koffer kann man wunderbar online ordern. Und nichts lässt sich noch besser per Post vertreiben als Schachteln mit nicht zu kühlenden Kapseln, Pulvern und Ampullen. Kinners, es gibt 24-h-Lieferservices für den Versand von Aquarienfischen!

Das Apothekensterben wird wohl weitergehen. Der Nachwuchs hat keinen Bock. Wir brauchen also auch für die Medikamentenversorgung neue Konzepte. Also: für die Apotheken vor Ort. Der

Bundesgesundheitsminister weiß da was: Apotheken ohne Apotheker! So eine Art Tablettenshop, in dem nicht die Apothekerin nett grüßt, sondern pharmazeutisch-technische Assistentinnen und Assistenten, die bei Fragen einen Pool von Apothekerinnen und Apothekern per Video erreichen können. Digital! Die Studierten sind dann nur noch exklusiv für Impfungen, Betäubungsmittel und selbst gemischte Präparate zuständig. Damit wäre eine noch bessere Versorgung mit Medikamenten möglich – gerade auf dem Land. Das Verfahren wäre effizient, kostengünstig und zeitgemäß. Wir sollten umdenken und nicht aufschreien. Bei den Coronatests hieß es anfangs auch: Die können nur von Ärzten durchgeführt werden! Heute machen wir die gemütlich am Kaffeetisch nebenher.

Bitte, liebe Apothekerinnen und Apotheker, nicht böse sein, aber Sie sind nun einmal trotz Ihres fulminanten persönlichen beruflichen Engagements Teil einer Branchengruppe, die sich neu erfinden muss. Damit sind Sie nicht allein. Aus dem Otto-Katalog wurde otto.de; das Fernsehen und die gedruckten Zeitungen wandern in Mediatheken; der Verbrenner stirbt zugunsten des E-Motors; aus Kohle wird Wind; aus Kuh- wird Erbsenmilch; Lehrerinnen und Lehrer leiten den Unterricht gemeinsam mit ChatGPT.

Was wohl die künstliche Intelligenz noch alles beitragen wird? KI kann vieles besser. Beim Besuch einer Apotheke in Bielefeld fragte ein Freund jüngst nach einem Heimtest auf die für den Magen schädlichen Helicobacter pylori. »Muss ich bestellen«, sagte die Apothekerin. Am nächsten Tag war der sehr teure Test da. Auf der Packung stand: *Nur anzuwenden in Laboren.* Das hat mein Freund aber erst zu Hause gelesen. Auf seinen enttäuschten Hinweis bekam er in der Apotheke die Antwort: »Ich kann ja nicht alles wissen.«

Irren ist menschlich, keine Frage. Bei Medikamenten kann ein Irrtum allerdings gefährlich werden.

Eine gute KI irrt nicht.

Vielleicht sollten wir uns ganz ohne Verlustängste fragen: Was mag die Zukunft bringen? Wie wäre es zum Beispiel mit einem infolge des Fachkräftemangels ausgedünnten Netzwerk relativ großer Apotheken vor Ort, die dank ihrer Kundenzahl gut wirtschaften können und so gemeinsam einen richtig gut gemachten Onlinelieferservice organisieren, der auch ländliche Regionen zuverlässig im Blick hat? Die besagten Shops vor Ort könnten mit Assistenten besetzt werden, die über eine Videoanbindung den Kontakt zum Fachpersonal halten. Bei spontan dringend benötigten Medikamenten liefern Botendienste etwa mit Flugdrohnen gegen Aufpreis im Ländlichen an feste Knotenpunkte wie zum Beispiel Apothekenpackstationen, deren Fächer sich per App öffnen lassen, oder sogar nach Hause vor die Tür.

Warum sollte so etwas demnächst nicht möglich sein? Aus Angst vor der Zukunft? Vor lauter Sorge plakatieren die Apotheken: »Wenn man Mensch ist und nicht nur ein Account.« Das wirkt wie der verzweifelte Versuch, die letzte analog aufgewachsene Generation zu vereinnahmen. Aber unterschätzen wir nicht die Senioren! Wenn sich die Vorzüge des E-Rezepts erst mal richtig herumgesprochen haben, wird die Onlineapotheke vermutlich ihren großen Durchbruch feiern. Weil es so herrlich praktisch ist. Außerdem wird man online wenigstens nicht auf sein Bargeld reduziert.

Ich bin Optimist: Für die süßen Terrakottaseesterne wird es auch eine Lösung geben. Wie geht es eigentlich Nordsee?

Beim Einsteigen bleiben unsere Manieren draußen

Es heißt ja: Im Überlebenskampf wird der Mensch zum Tier. Doch wie dünn der Firnis der Zivilisation ist, merken wir in Deutschland schon beim Warten auf den ICE und beim Einsteigen ins Flugzeug. Anfangs tun die Leute ja noch ganz nächstenlieb. Sobald aber klar wird, dass sich beim Warten am Bahnsteig oder am Gate für sie ein Vorteil herausschlagen lässt, und wenn es nur fünf Sekunden sind, dann gilt hierzulande: Kämpfen aus Prinzip. Es könnte ja um entscheidende Sekunden gehen.

Das Gepäckfach über dem Flugzeugsitz wartet nur auf die, die sich bei noch geschlossenem Gate scheißfreundlich vorschlendernd an die große Panoramascheibe mogeln, als hätten sie noch nie ein Rollfeld gesehen. Nur um dann, in dem Moment, in dem die Frau von der Bodencrew hinter ihrem Stehpult auch nur auf den Knopf vom Mikrofon blickt, den perfiden Überfall zu starten. Eilig huschen die Rollfeldglotzer nun ganz nach vorn unter die ab dieser Sekunde grün blinkenden Einstiegsignalkreise auf dem Deckenmonitor. Dann tun sie ganz entzückt von so viel beiläufigem Glück im Leben, oder sie tun alternativ so abwesend, als hätten sie aus lauter Desinteresse selbst gar nicht zur Kenntnis genommen: *Hui, potzblitz, ich stehe ja an Einsteigeposition 1!*

Bis dann die Durchsage kommt: »Wir beginnen mit dem Einsteigen für Familien mit Kindern« – und sich herausstellt, dass die Rollfeldglotzer mit ihren übergroßen Trolleys und dem Mantel über dem Bügelgriff einfach nur im Weg stehen: »Huch!«

Ja: »Huch«, verdammt noch mal!

Aber es geht schon vorher los: Einmal stand ich in Berlin in der Warteschlange am Check-in und war nur fünf Sekunden zu lang in mein Handy vertieft, da merkte ich an der Parfumfahne, die mir ins Gesicht peitschte, wie die blond toupierte Dame von hinten plötzlich an mir vorbeistöckelte.

Ich so: »Hä?«

Sie: »Ja, wenn Sie nicht gehen, obwohl Sie dran sind …!«

Was sollte sie mir da noch fröhlich auf die Schulter tippen! Schließlich war ich ja nicht ihr Mitmensch. In einer deutschen Warteschlange ist derjenige vor einem grundsätzlich das Scheusal, das vom Leben das Privileg zugewürfelt bekommen hat, ein paar Sekunden vor einem selbst am Ort der Orte gewesen zu sein.

Wenn Sie am Bahnhof beim Warten auf den spontan mit 30-minütiger Verspätung angekündigten ICE mal Langeweile verspüren, dann spielen Sie mit sich selbst das Spiel »Bremsklotz«. Das geht immer dann, wenn der ICE einfährt. »Bremsklotz« bedient sich auf clevere Weise der sogenannten Referenzpunktumkehr bei Ankunft des Zuges. Also: Normalerweise laufen Menschen um die am Bahnsteig wartenden Passagieren und deren Gepäckstücke herum. Stehen diese ungünstig, schlängelt man sich selbstverständlich an den Hindernissen vorbei. Wir spüren: Die anderen waren zuerst da, und es wäre mit unverhältnismäßig viel Überzeugungsaufwand verbunden, den Leuten weiszumachen: »Wenn ich hier in gerade Linie entlanglaufen möchte, dann machen Sie gefälligst Platz mit Ihren lächerlich überdimensionierten Koffern und Ihren verzogenen Kindern.«

Ganz anders verhält es sich nun aber, wenn der Zug einfährt. Dann beginnt auf faszinierende Weise besagte Referenzpunktumkehr. Und jetzt ist Ihr Moment gekommen:

1. Orientieren Sie sich am Wagenstandsanzeiger (den es übrigens auch in der App gibt) und positionieren Sie sich an der Stelle, an der Sie Ihren Wunschwagen erwarten.
2. Stellen Sie sich dort an die Bahnsteigkante (der Form halber weise ich Sie darauf hin, dass Sie an der weißen Linie stehen bleiben müssen), und lassen Sie die Wagen genüsslich an Ihnen vorbeiziehen.

Sobald der Zug auf Jogginggeschwindigkeit herabgebremst wurde, geschieht genau das: Die anderen an der Bahnsteigkante fangen an zu joggen. Neben dem Zug her. Für diese Traber ist bei der Frage »Wer muss um wen herumlaufen?« nicht mehr das Geschehen auf dem Bahnsteig die Referenz, sondern nur noch der rollende Zug. Was bedeutet: Aus Sicht der Traber, die sich ja mit dem rollenden Material gemein machen, sind nun die Stehenden, die scheinbar in ihrem Innehalten auf sie zukommen, diejenigen, die gefälligst zu weichen haben. Und während der Zug immer langsamer wird, laufen diese Leute neben »ihrer« Tür her wie neben einem Kind, das zum ersten Mal ohne Stützräder fährt. Traber und ICE sind plötzlich eins.

Das ist Ihr Moment: Bleiben Sie stehen! Felsenfest! Machen Sie die Referenzpunktumkehr nicht mit. Lassen Sie Ihre Tür in aller Ruhe an sich vorbeiziehen, lassen Sie die Meute auf sich zu hecheln, blicken Sie den Hetzern in die Augen, während diese beim Abbremsen direkt vor Ihnen vom Glauben abfallen. Und dann drehen Sie sich um 180 Grad, zeigen Sie den anderen Ihren breiten Rücken und laufen Sie den von Ihnen freigefegten Bahnsteig entlang zu der nun still ruhenden Tür. An der Sie, ohne eine Kalorie verbraucht zu haben, als Erstes einsteigen. Das ist Ihr ganz exklusives Vielfahrer-Bonus-Privileg für Kenner, das Sie sich ganz allein zuzuschreiben haben.

Airlines kassieren viel Geld von den Früheinsteigern!

Fahrtauglichkeitstests: Dann doch lieber die Pedale verwechseln!

Der Bundesverkehrsminister will auch fahruntüchtige Senioren weiter Auto fahren lassen. Weil, er ist ja in der FDP, und die rudert. Denken wir einmal zu Ende, was es heißt, wenn wir Menschlichkeit mit Lebensgefahr erkaufen.

Zu einer modernen Verkehrspolitik gehört auch das Ziel: null Verkehrstote. Würden wir uns damit abfinden, dass im Straßenverkehr nun einmal Menschen sterben, weil das in einer modernen Industrienation zum Lebensrisiko gehört, wäre das so, als würden wir es als gottgegeben ansehen, dass jedes Jahr Hunderte Mitmenschen an Fischvergiftung sterben, weil der Einzelhandel nun einmal die Kühlkette unterbricht. Aus dem Freiheitsgedanken heraus. Weil es unmenschlich wäre, den Einzelhandel mit Kühlvorschriften zu drangsalieren.

Aber auf der Straße gilt: Lasst doch die kleinen Leute in ihren Autos in Ruhe. Die kleinen Leute auf dem Fahrrad, auf dem Bürgersteig und in den anderen Autos müssen dann eben zurückstecken. Ja, natürlich, weil: Autofahren ist ein Stück Freiheit made in Germany. DNA und alles, verstehen Sie? Wenn es jemandem nicht passt, dass wir eine Autoindustrie haben und die Autofahrer zum Zweck der Arbeitsplatzsicherung ihre Freiheit ausleben *müssen* und dass nur deshalb deutsche Autos noch gekauft werden, weil man in Deutschland weiterhin mit 50 an einem Spielplatz vorbeifahren darf, wenn das also jemandem nicht passt, ja, dann kann er ja zu Hause bleiben. Diese Freiheit hat er doch, Leute!

Eine Autofahrer-FDP, die Angst hat, in der Bedeutungslosigkeit zu versinken, bedient sich einer Rhetorik, die bei Verkehrsregeln zum Schutz anderer Verkehrsteilnehmer allein auf das Verhältnis der Autofahrer zum Staat abhebt: »Hören wir auf, den Bürgern immer alles zu verbieten.« Die Grenzen der eigenen Freiheit zugunsten der Freiheit der anderen werden ignoriert.

Und jetzt kommt's: Volker Wissing, unser Verkehrsminister, sagt ganz ohne Humor, es mache unsere Gesellschaft – Achtung! – »unmenschlicher«, wenn wir Verkehrsteilnehmer ab einem bestimmten Alter verpflichten würden, ihre Fahrtüchtigkeit zu überprüfen. So, wie es die EU-Kommission ja plant.

Wenn auf Landstraßen Menschen in ihren Autos mit jeweils 100 Stundenkilometern und einem Abstand von ein, zwei Metern aneinander vorbeirauschen, denke ich manchmal: Was, wenn jetzt gerade einem der heiße Kaffee auf den Schoß kippt?

Leider, leider kommt noch dazu: Je älter wir werden, desto schlechter werden unser Orientierungssinn und unsere Reaktionsgeschwindigkeit. Natürlich, so wie Helmut Schmidt trotz seiner täglichen zwanzig Packungen Mentholzigaretten 140 Jahre alt geworden ist, gibt es auch Senioren, die noch sehr lange sehr gut Auto fahren können. Das wünsche ich mir eines Tages auch für mich. Und genau deshalb gäbe es ja die Tauglichkeitsprüfung. Sonst müsste man das Autofahren ab 75 Jahren pauschal verbieten. Das wäre wirklich hart.

Nicht wissen zu wollen, ob jemand nicht mehr fahrtüchtig ist, das ist, als würden wir die Abiturprüfungen abschaffen, damit alle auf die

Uni können. Wir wollen Fahrtuntüchtige weiter fahren lassen, wollen noch nicht einmal wissen, wer noch sicher am Verkehrsgeschehen teilnehmen kann, und finden es dann bedauerlich, wenn ein 87-Jähriger leider Gas und Bremse verwechselt und auf dem Supermarktparkplatz ein Kind überfährt.

Unmenschlich ist es also nicht, fahruntüchtige Verkehrsteilnehmer den Führerschein abzunehmen. Das tun wir längst mit Betrunkenen und Bekifften. Unmenschlich ist es, dass wir Menschen, die wegen ihres Alters fahruntüchtig geworden sind (was nun einmal passieren kann im Laufe eines hoffentlich langen Lebens), keine Alternativen bieten, damit sie weiter mobil bleiben. Unmenschlich ist, dass Menschen Angst haben zu vereinsamen, wenn sie nicht mehr selbst ans Steuer können. Weil sie – insbesondere auf dem Land – dann nicht mehr zu ihren Enkeln fahren, nicht mehr ihre Freunde in Café und Kneipe treffen und nicht mal mehr gut zum Arzt kommen können. Unmenschlich ist, wenn der Führerschein die Eintrittskarte in die Gemeinschaft ist. Weil wir ja eine Autonation sind. Glauben Sie nicht auch, dass uns diese Haltung vereinsamen lässt?

Unmenschlich ist eine solche Haltung auch deshalb, weil es längst gute Lösungen für dieses Problem gibt – etwa Rufbusse, die Dörfer verbinden, die auf Aufforderung vorbeikommen und die man in das Deutschlandticket integrieren könnte. Leider fahren diese Rufbusse noch viel zu selten. Um Geld zu sparen, zwingen wir also Senioren – selbst die, die ihr unsicheres Fahrverhalten bei sich selbst erkennen – ins Auto. Was muss das für ein Gefühl sein, wenn man spürt, ich kann es nicht mehr richtig, aber das darf nicht rauskommen, denn ich muss meinen Führerschein behalten, sonst bin ich sozial abgehängt?

Senioren sind auffallend oft die einzig verantwortlichen Unfallverursacher. Was kein Vorwurf ist. Alter ist (anders als Alkohol am

Steuer) ein guter Grund, verpeilt zu werden. Und es ist eine Tatsache. Da können der Unfallstatistik nach nur Fahranfänger mithalten. Jung und Alt vereint. Aber bei den Jungen besteht dank der steigenden Erfahrung wenigstens Hoffnung auf Besserung. Und Fahranfänger sind ebenfalls Einschränkungen unterworfen wie einer Null-Promille-Doktrin. Und wer jung geblitzt wird, bekommt eine längere Probezeit aufgebrummt. Machen uns diese Regeln zu einer unmenschlicheren Gesellschaft?

Ich lege mich fest: Nein.

Senioren brauchen adäquate Mobilitätsalternativen. Nach dem eigenen Auto kommt nicht gleich der Rollator! Finden Sie nicht auch: Eine Autonation wie Deutschland müsste der Welt zeigen, was für eine tolle andere Art der Mobilität das Leben nach dem eigenen Führerschein parat hält? Nämlich: Fahrten mit Chauffeur, der Rufbus, das Sammeltaxi. Subventioniert von uns allen. Das wäre echte Freiheit.

Der Fischstäbcheneffekt: Uns fehlt die Freude an Verboten

Wie finden Sie Verbote? So ganz generell? Man könnte sagen: Sie machen einem das Leben leichter. Denn wenn man weniger machen darf, hat man sich schneller entschieden, was man von dem, was noch übrig ist, unternehmen könnte. Meine persönlichen Lieblingsverbote sind die, die andere zu meinen Gunsten einschränken. Und nach anekdotischer Evidenz (ich liebe diese in der Pandemie neu aufgekommene Kategorie der Beweisführung nach eigener Beobachtung und Hörensagen), also nach anekdotischer Evidenz behaupte ich: Wir alle lieben Verbote, die uns begünstigen, weil andere etwas nicht mehr dürfen.

Einfachstes Beispiel: »Du darfst das Fischstäbchen nicht komplett aufessen. Ihr seid zwei Geschwister. Du hattest schon sieben. In der Packung sind aber 15. Also wird das eine geteilt.«

Wenn Sie dank dieser Ansage ein halbes Fischstäbchen mehr abbekommen, dann kommt Ihnen dieses Mampfverbot entgegen. Sie sind Verbotsprofiteur. Und je nach Lebensphase bedeutet dieses halbe Fischstäbchen die ganze Welt.

Die meisten Verbote machen das Leben also schöner. Man muss sich nur eben als Verbotsprofiteur sehen. Dieser Logik folgend, wären Verbote umso schöner, je mehr sie die Beschränkten beschränken. So zu denken, müssten wir uns echt mal angewöhnen.

Nur für ein oder zwei Wochen, so aus Fun. Denn wir Deutschen gucken aus reinem Drang zum Unglücklichsein vorrangig auf die Seite der durch das Verbot Eingeschränkten. Um dann zu sagen: »Ist es schon wieder so weit in diesem Land?«, oder: »Da war wohl wieder jemand linksgrün versifft.« Das ist bei uns kulturell bedingt, nehme ich an.

Und damit sind wir selbstverständlich beim Rauchen. Und mit dem Rauchen verhält es sich etwas diffuser als bei panierten Seelachsquadern. In anderen Ländern kennt man bei diesem Thema keine Gnade: Da dürfen Gäste von Restaurants und Cafés auch draußen nicht mehr rauchen. Passt das zu Deutschland? Lassen Sie uns die hierzulande übliche Toleranz von Drogensucht gemeinsam noch einmal durchdenken (sollten Sie Raucher sein, ziehen Sie sich vorab bitte schnell noch eine rein). Also:

1. Würden wir beim Warten auf die Straßenbahn einem Passanten gegen seinen Willen und ohne großes Bemühen um Ankündigung eine halbe Banane in den Mund quetschen, wir stünden wohl ziemlich allein auf weiter Flur, ginge es ums Gutheißen. Die allermeisten Betroffenen würden zu Recht fragen: »Waff foll der Feiff?« Dabei sind Bananen eigentlich gesund (Kalium). Anderen Menschen gegen ihren Willen todbringende Substanzen in Form von Rauch in die Atemwege zu pusten, ist nach dieser Logik erst recht nicht nett (Teer).
2. Dafür muss es schon Gründe geben, von denen man sagt: »Die sind ja gut.« Ist der Drang zum Stillen des eigenen Suchtdrucks (Nikotin) ein solch guter Grund? In welchen anderen Fällen wäre es denn akzeptabel, andere im Zuge des eigenen Drogenkonsums gesundheitlich in Mitleidenschaft zu ziehen? Kinder, es wäre zu krass, wenn es da ein Beispiel gäbe. Doch selbst der aus einer

vorab ungelenk transportierten und auf dem Bahnsteig in Feierlaune geöffneten Bierflasche herausspritzende Schaum, der sich dann auf des unbeteiligten Nachbarn Schoß ergösse, wäre eine unter allen Umständen zu vermeidende Zumutung. Dabei wäre dieser Vorfall gesundheitlich völlig unbedenklich (außer vielleicht bei bestimmten Arten von Neurodermitis, kombiniert mit einer Hopfenallergie).

3. Anders als bei der Angewohnheit, Fremden eine halbe Banane peroral (also durch die Zähne in die Fresse) einzuführen, hat allerdings das Verabreichen von krebserregenden Stoffen pulmonal (Lunge) Tradition. Wieder so was Kulturelles.
4. Die Frage ist also: Darf man todbringende Traditionen verbieten? Ich kenne nur zwei Gruppen, die dagegen sind: Nikotinsüchtige und die, die sich an den Nikotinsüchtigen dumm und dämlich verdienen.
5. »Aber der Rauch zieht draußen doch sofort ab.« Im Sommer saß ich in einem Berliner Tapas-Restaurant auf der Terrasse. Es waren gut 28 Grad, es war windstill, weshalb die anderen Gäste pro Zigarettenzug minutenlang im Lungeninhalt der anwesenden Raucher saßen. Da habe ich vernommen, wie ein Typ, der ein Student gewesen sein könnte, sich ein Herz nahm und eine der beiden Damen am Nachbartisch (beide etwa im Alter von 52 Jahren) ansprach, während er sich zu einem Kavalierslächeln zwang: »Et nutzt mir nüschte, wennse Ihre Scheißzijarette schön weit weg halten von Ihrer Bekannten da, wenn ick die Glut gleich ins Auge jedrückt krieje!« Die Antwort der Guten: »Wieso? Wir sitzen doch draußen.«

Das Argument könnte so gut sein, wenn es nur nicht so hinken würde.

Machen wir aus unserem Herzen keine Mördergrube: Es gibt kein einziges durchschlagendes Argument, das für die Zumutbarkeit des Passivrauchens draußen spricht. Außer dem deutschen Argument: »Hast du ein Problem mit mir? Dann hau doch ab und nerv mich nicht.«

Bielefeld, gleicher Sommer, italienisches Restaurant, wir umzingelt von vier Rauchern an zwei Tischen rechts und links neben uns. Ich frage den Kellner höflich, aber bestimmt: »Haben Sie vielleicht bitte einen Tisch irgendwo anders?« Des Gastronomen Antwort: »Man wird ja wohl noch draußen rauchen dürfen.« Ich, gespielt amüsiert, aber mit steigendem Puls: »Ich habe doch auch nur um einen anderen Tisch gebeten.«

Hören Sie da beim Kellner auch diesen latenten Polizeistaatvorwurf? Dieses »Man wird ja wohl noch«? Wer nicht gestört werden möchte, stört. Aus irgendwelchen kulturellen Gründen.

Genau deshalb sind Verbote zu den eigenen Gunsten so wunderbar befreiend. Ich nenne dieses Phänomen den Fischstäbcheneffekt. Weil die Freiheit des durch das Verbot Geschützten größer wird. Ist das nicht toll? Verbote sind Selbstbehauptungshilfen für die anderen. Solche Verbote bringen Freiheit. Der Mehrheit. Herrlich. Wir müssen nur unsere Haltung ändern, ohne uns dabei spießig zu finden.

In meinem Kölner Fitnessstudio durfte in der Gastronomie auch drinnen noch geraucht werden. Der Rauch zog auf die Trainingsfläche. Ohne Witz – Sport in giftiger Luft.

Ich: »Kann man das nicht ändern?«

Trainer: »Man wird ja wohl noch …«

Ein Dreivierteljahr später war das Ganze gesetzlich verboten. Meine Brust schwoll da ganz ohne Liegestütze. In einer Gesellschaft, in der gegenseitige Rücksichtnahme vielen als weicheierig gilt, geht es ja nur mit demokratisch legitimierten Gesetzen. Zum Glück funktioniert das gelegentlich.

Was ich eigentlich sagen will: Verbote für die einen bedeuten nicht immer, aber ganz oft mehr Freiheit für viele. Eigentlich eine gute Sache. Der größte Fehler der Grünen ist, dass es der Partei nicht gelingt, ihre ganzen kunterbunten Verbotsideen in Angebote für mehr Freiheit umzumünzen. Der Habeck könnte dann vorbeikommen und unten die Heizung rausreißen, und alle würden vor Glück weinen und ihm oben noch einen Kaffee anbieten.

Also, da müssen wir hinkommen, Leute! Aber die Grünen essen offenbar keine Fischstäbchen.

Nicht die Verwaltung ist digitalfeindlich – wir alle sind es!

»Die Politik hat die Digitalisierung verschlafen.« Jaja, komm! Immer sind's die anderen: »Die da oben.« Die da oben haben sich nicht getraut, Deutschland zur Speerspitze der Digitalisierung und künstlichen Intelligenz zu machen, das soll heißen: Die Politik handelt gegen den Willen von denen da unten und denen in der Mitte. Aber stimmt das überhaupt? Ist es nicht vielmehr so: Die da oben faxen und drucken aus und lochen und heften ab, weil das zu uns passt. Weil wir das mittragen.

Gucken Sie mal: Im Bordrestaurant des ICE gibt es keine Steckdosen. Das liegt an einer Philosophie. Die lautet, grob gesagt: Wer dem Genuss frönt (Currywurst, Snickers, Rotkäppchen-Sekt), lässt alles Digitale sein. Braucht also auch keinen Strom. Weil der ICE aber ein deutscher Zug ist, geht es noch weiter. Mit einer zweiten Philosophie. Die lautet: Wer das Digitale nicht lassen will, kann gucken, wo er bleibt.

Es gab eine Zeit lang auf den Tischen im Speisewagen sogar Pappschilder, auf denen die Gäste aufgefordert wurden, den anderen Restaurantgästen zuliebe die Laptops wegzulassen. Wer digital arbeitete, war nicht willkommen. Ein Buch aus Papier: okay. Ausgedruckte Akten: kein Thema. Eine Zeitung so groß, dass man dem Nachbarn beim Umblättern die Zähne ausschlägt – gern. Aber ein Laptop? Ein Restaurant ist doch kein Büro!

Ich habe schon mehrmals durchs ICE-Restaurant gerufen: »Stört es jemanden, wenn ich meinen Computer aufklappe?« Nie hat jemand geantwortet: »Ja, mich stört das, wie soll ich dabei meine Mikrowellenpommes genießen?«

Die Schilder sind mittlerweile verschwunden, aber der Trick mit den Steckdosen wirkt weiter. Als Statement und Gängelung: Dein Akku ist dein Problem. In Deutschland spricht man dabei allerdings nicht von Fortschrittsfeindlichkeit, sondern von Tradition. Wollen Sie in einem deutschen Café (sagen wir mal in Berlin-Kreuzberg) mit Karte bezahlen und das Café bietet das aber nicht an (etwa um leichter Steuern hinterziehen zu können oder um ein paar Cent Transaktionskosten zu sparen), dann entschuldigt sich nicht die Kellnerin bei Ihnen für den schlechten Service, sondern sagt: »Wir nehmen nur bar« und guckt dabei so, als wären Sie komplett durchgeknallt mit Ihrer kapitalistischen Schickimickikarte. Am Ende entschuldigen *Sie* sich. Weil Sie als Kunde eine solche Zumutung sind.

Das geht so weit, dass, wenn aus irgendwelchen irren Verwicklungen doch mal die Kartenzahlung angeboten wird und dann aber das Kartenlesegerät spinnt (»Ja, wahrscheinlich wegen WLAN oder Anbieter oder so«), wie selbstverständlich angenommen wird, dass der Gast nun doch zum Bargeld greift, dass also kundenseitig stets mehrere Bezahlmöglichkeiten bereitgehalten werden. Es ist nun einmal typisch deutsch, immer rund 20 Euro Cash mit sich herumzuschleppen. Falls die Russen kommen oder eine Atombombe runtergeht. Und sollte das Essen oder die gewünschte Ware dann 30 Euro kosten, beschreibt einem das engagierte Personal sehr gern den Weg zum nächsten Geldautomaten drei Straßen weiter, trotz strömenden Regens.

Warum müssen wir an der Supermarktkasse immer sagen »mit Karte bitte«, aber nie »mit Bargeld bitte«? Wir unterstellen einander wie selbstverständlich, dass wir lieber versiffte Münzen und Scheine mit uns herumschleppen, als kontaktlos und hygienisch die Smartwatch ans Terminal zu halten. In Skandinavien ist das anders. Ich zwinge mich mittlerweile, bei Lidl oder dm wortlos die Karte zu zücken. Kommt dann die Frage »Mit Karte?«, sage ich: »Ja, selbstverständlich.« Dabei versuche ich zu gucken wie die Kellnerinnen in Berlin-Kreuzberg. Bin ich zu streng?

Wir sind uns also einig in unserer analogen Schnuffeligkeit. Und wenn uns irgendwann gar nichts mehr einfällt, was gegen die Digitalisierung spricht, dann haben wir noch das deutsche Ass im Ärmel: den Datenschutz. Beispielsweise beklagen wir uns über den wochenlang währenden Zettelkram, wenn wir – natürlich persönlich vor Ort – unser Auto ummelden müssen. Werden aber digitale Behördenservices angeboten, fällt uns auf: »Oh, bei meinem Personalausweis habe ich damals die digitale Ausweisfunktion nicht freischalten lassen«, weil: Irgendwas mit Datenschutz ist immer. Deshalb: sicherheitshalber nicht.

Digitale Krankenakte? Endlich keine Röntgenbilder im DIN-A0-Umschlag vom Orthopäden zum Hausarzt tragen oder schicken lassen (»Dauert per Kurier drei Werktage!«). Endlich weiß der Zahnarzt, welche Allergien wir haben, weil es der Hautarzt in die digitale Krankenakte eingetragen hat. Welche Ärztin hat welche Medikamente verschrieben? Steht alles da. Bei einem Autounfall ließe sich sofort klären, welche Blutgruppe jemand hat. Aber das Erste, das breit diskutiert wird: »Den HNO geht es vor der Ohrenuntersuchung einen feuchten Kehricht an, dass ich mal die Krätze hatte!«

Muss er nicht wissen, soll er nicht. Lässt sich selbstverständlich per Klick abwählen. Sagt die Bundesregierung. Aber was, wenn der Staat lügt? Oder wenn es einen Regimewechsel gibt und dann doch herauskommt, wer Krätze hatte, und wenn dann alle mit Krätzevermerk in den Knast müssen?

Dann vielleicht doch lieber der gute alte Hängeordner. Dann kann die Ärztin auch darauf zugreifen, falls nach einem Erdbeben-Tsunami-Vulkanausbruch der Strom ausfällt.

Leute, ein Drittel der Unternehmen in Deutschland hat keinen eigenen Webauftritt! Und jetzt wird es spannend. Es heißt doch immer, es gingen überall Risse durch unsere Gesellschaft. Ich weiß noch einen neuen: den zwischen denen, die Digitales lieben, und denen, die diejenigen blöd finden, die Digitales lieben. Es gibt sie, die Cafés mit »nur Kartenzahlung«. Das sind die Cafés, aus denen die Leute in den bunten Multifunktionsjacken fluchtend herausstapfen (ohne Coffee to go) und Dinge maulen wie: »Das ist nicht mehr mein Land.«

Wie sollen in einem Land Menschen an die Schalter der politischen Macht geraten, wenn der Großteil das, was man mit diesen Schaltern umsetzen könnte, als »kann, nicht muss« betrachtet?

Und deshalb:

- passen die neuen Funkgeräte der Bundeswehr nicht in die Fahrzeuge
- haben unsere Kinder auf dem Weg zur Schule acht schwere Bücher auf dem Rücken statt einen Reader zu 500 Gramm
- laufen in unseren Kellern Stromzähler mit analogen Rädchen im Kreis
- ziehen wir Parkscheine aus Thermopapier und
- müssen wir für einen neuen Perso zweimal zum Amt (mit einem Termin, der sich mitunter am Telefon besser buchen lässt als online (»Über die Hotline kriegt man eher was«).

Wir alle sind schuld daran. Weil wir den anderen diese altmodische Technikfeindlichkeit durchgehen lassen. Weil wir ständig sagen: »Es ging ja bislang irgendwie auch anders.« Weil wir unsere innere ruhige Hand regieren lassen: »Wir dürfen jetzt nichts überstürzen.«

In einer richtig gut funktionierenden Demokratie ist immer die Mehrheit schuld.

An der Kasse: Schlangestehen macht uns zu Egomonstern

»An welcher Kasse stehen Sie an?«

»An allen.«

Dass eine Schlange für alle Kassen fair ist, begreift man in fast ganz Europa, nur nicht bei uns in Deutschland. Bei Lidl in Spanien etwa gibt es Filialen, bei denen schlicht gilt: Wer am längsten wartet, kommt als Nächstes dran. In Deutschland gilt der Zufall. Hier zählt es als Hirnsport, in Windeseile eine derartige Rechnung anzustellen: Länge der Schlange an Kasse 1, verglichen mit der an Kasse 3 unter Berücksichtigung der Füllmenge je Einkaufswagen. Und gerade wenn man sich für Kasse 3 entschieden hat, kommt von hinten die Cousine des Mannes, der gerade drei Päckchen Butter und einen Proteinriegel aufs Fließband gelegt hat, mit einem Wagen voller Hackfleisch, Cornflakes und Puddingbechern an und sagt: »Ich darf vor, wir gehören zusammen.«

Und wenn dann die Durchsage erklingt: »Wir öffnen Kasse 2 für Sie«, dann rennt wer mit wehenden Haaren vor – selbstverständlich die von ganz hinten. Hier wandert nicht etwa ein Bruchteil einer Schlange in gehabter Reihenfolge hinüber. Nein, es bricht viel mehr das gesamte System zusammen. Ganz, ganz hinten wittern die Leute die Instantchance auf den sozialen Aufstieg im Kleinen. Manchmal hege ich den Verdacht, da brechen einige Kunden ihren Einkauf nach erst halb abgearbeiteter Einkaufsliste ab, nur um, von ganz hinten vom Kühlregal mit den Miniwienern im wiederverschließbaren Eimerchen vorpreschend, die frisch geöffnete Kasse entjungfern zu können.

Neulich stand ich beim Bäcker am Bielefelder Hauptbahnhof für einen Tee an (und freute mich kichernd auf das Bremsklotzspiel gleich auf Gleis 2), da kam es vor mir fast zu einem Raufhandel. Ein Mann mit offenbar leicht zu beeindruckender Gespielin demonstrierte Testosterongeladenheit, als er eine von mutigen Vordenkern gebildete Einheitsschlange für alle Kassen umging und sich an die scheinbar schlangenlose Kasse 1 anstellte. »Ja, wenn Sie alle so bescheuert sind …«

Selbst die von den anderen Kunden bekniete Kassiererin an Kasse 1 ließ sich vom innovativen Konzept nicht mehr überzeugen. Eine einzige Schlange für alle Kassen – das hatte die junge Frau wohl noch nie gesehen. Zu so etwas hatte sie keine Meinung.

Die faire Kassenschlange muss in Deutschland noch lange warten. Und dafür gibt es einen Grund: Wir müssten umdenken. Das ist in unserer deutschen Kultur nicht vorgesehen. Wer intelligent anstehen will, muss zu Lidl nach Barcelona fliegen. In Spanien gibt es übrigens auch – wie etwa in Frankreich und Skandinavien – die Tradition, an der Käsetheke eine Nummer zu ziehen. Für uns Deutsche ist das geisteskranke Kunst.

Kulissenwechsel: Die perfekte Position, um im Bereich vor vier Hotelaufzügen zu warten, von denen sich jeweils zwei gegenüberliegen, ist in Deutschland jene an exakt dem Punkt, an der sich die zwei Verbindungsgeraden treffen, die jeweils an der einen Lifttür beginnen und an der weiter entfernten Tür auf der gegenüberliegenden Seite enden. Denn dann stehen Sie von allen Türen gleich weit entfernt. Wenn dann ein Fahrstuhl aufgeht, kann Ihnen keiner, niemand, nicht ein Mensch auf diesem verdammten Planeten vorhalten, Sie hätten ja wohl eindeutig vor einem der anderen Aufzüge gewartet und seien nun selbstverständlich selbst schuld an Ihrem Unglück, die Kabine ganz zuletzt betreten zu müssen (obwohl Sie den Anforderungsknopf gedrückt hatten). Wenn Sie überhaupt hineindürfen, weil: Die Hartmanns haben sehr viele Koffer und eine Katzentasche dabei.

Wenn Sie in Deutschland trotz einer ungünstigen Warteposition (etwa wegen eines genetisch veranlagten schlechten Augenmaßes) auf jeden Fall zur Gruppe der Mitfahrtberechtigten zählen wollen, dann müssen Sie, einem Platzhirsch gleich, bereits vor Eintreffen Bemerkungen streuen wie: »Mensch, das dauert vielleicht. Ich habe vor einer halben Ewigkeit hier gedrückt, da waren Sie noch gar nicht da.« Oder wenn Sie nichts dem Zufall überlassen wollen: »Na, auch gerade angereist? Ich nehme Sie gleich sehr gern in *meinem* Aufzug mit.«

Jüngst stand ich mit Freunden vor dem Einlass zu einer begehrten Kulturveranstaltung in Berlin. Wichtig für die Story: Es hat geregnet. Und zwar für die meisten (wie auch für uns) unvorhergesehen. Die Folge: Kaum jemand hatte einen Schirm. Die Krux: Der Anfang der Schlange schlängelte sich unter einem Baldachin. Das Ende der Schlange unter der überdachten Autodurchfahrt eines Wohnhauses. Doch die Mitte, der längste Teil, stand unter freiem Himmel und wurde klatschnass. Nun standen meine Begleitung und ich an der Position derer, die sich an zehn Fingern ausrechnen konnten: einen Schritt weiter und wir würden ebenfalls durchnässt. Was tun? Da kam ein Herr hinter uns auf eine unverschämte Idee. Weil er cooler war als alle vor uns. Und ja, auch cooler als wir. Er sagte: »Lasst doch die Schlange vor uns abreißen. Wir gehen erst weiter, wenn das Schlangenstück vor uns unter dem Baldachin endet.« Sofort dachte ich: Man wird sich von hinten vordrängeln und rufen: »Ihr Idioten, warum lasst ihr auch eine Lücke? Hierzulande gilt das Recht des Unverschämteren. So wie auf der Straße, so wie an der Kasse, so wie am Flughafen.«

Wir blickten einander an, und ich mahnte: »Wir müssen dann aber zusammenhalten.« Ich sah, dass der Mann hinter uns gute Muskeln hatte. Er nickte schmunzelnd und schien zum Äußersten bereit. Und ich atmete durch, vermied Blickkontakt mit denen hinter uns und hoffte, dort würden ein paar Spanier, Franzosen oder Dänen stehen. Die uns dafür bewunderten, dass wir Deutschland ein winzig kleines Stück in Richtung Zukunft führen wollten.

Deutschlands Zerrissenheit zeigt sich auch am Bügeleisen

Noch nicht mal bei der Nachbehandlung frisch gewaschener Wäsche steht die deutsche Gesellschaft zusammen. Die einen bügeln Socken und Unterhosen, die anderen sehen Bügeleisenverweigerung als Ausdruck von jugendlicher Unbekümmertheit. Die Zurschaustellung von Knitter als Selbstbehauptung inmitten aller Spießigkeit. Was also gilt heute als pedantisch, was wirkt offiziell verlottert? Und kann uns die Dampfbürste miteinander versöhnen?

Es kann ja alles so schnell umschlagen im Leben: Da kauft man sich Anfang der Zehnerjahre einen Fernseher mit geschwungenem Bildschirm als Blickfang fürs Wohnzimmer und muss sich dann jahrelang für das Gaga-Gimmick entschuldigen. Oder: Man hat gerade allen in der Kantine von seiner nagelneuen Laktoseintoleranz erzählt, prompt stellt sich heraus: Die viel cooleren Gründe dafür, keine Kuhmilch zu trinken, sind Prostatakrebs, das Klima und das Tierwohl. Verdammt!

Und kaum haben Sie sich nach all den Jahren den Rat Ihres Schatzes zu Herzen genommen: »Hör endlich auf, mit weißen Socken in Adiletten zum Bäcker zu latschen«, da kommen die Pariser Vorstadtkids genau damit um die Ecke. Und Sie haben sich gerade Crocs gekauft, die längst schon wieder out sind. Dafür sind die Birkenstocks von damals jetzt richtig geil. Sogar Barbie trägt die. Dann kaufen Sie sich ein Paar, und prompt schmiert die Firma an der New Yorker Börse ab. Also doch uncool? Und darf man die denn jetzt mit Socken tragen? Es ist ein Elend!

Es wäre viel einfacher, würde man sich von Trends gedanklich losmachen und selbst entscheiden, was einem gefällt. Oft muss man seine eigenbrötlerische Extravaganz dann aber gut erklären, sonst blamiert man sich: »Ich faxe es lieber« geht seit der Coronablamage unserer Gesundheitsämter nicht mehr einfach so. Es braucht noch ein putziges Detail: »Das Geknarze des Thermopapiers erinnert mich an meinen ersten Job im Handyshop von Viag Interkom.« Das ist dann okay.

Was aber ist nun mit dem Bügeln? Sollen wir noch? Oder machen wir uns lächerlich, wenn wir zugeben, für so etwas Zeit zu verplempern?

Sollten Sie morgen für einen DAX-Konzern als neu gewählter Vorstandschef Ihre Antrittsrede halten oder sich als Kanzlerkandidatin in einem TV-Duell der Öffentlichkeit stellen: Meine Güte, dann bügeln Sie halt.

Aber ansonsten stelle ich in letzter Zeit Folgendes fest: Es wachsen Generationen heran, die das Bügeleisen nur im äußersten Notfall anfassen. Jüngst hörte ich, wie eine Werkstudentin im Maskenraum eines Fernsehsenders der Maskenbildnerin mit Blick auf Bügelbrett und -eisen sagte: »Meine Mutter bügelt noch.« (So wie in: »Meine Eltern haben noch einen Fernseher« oder »Mein Opa hat meinen Vater noch mit dem Gürtel grün und blau geschlagen.«) Und dann sagte sie: »Das fühlt sich für mich so gefährlich an, Wasser in ein Elektrogerät zu gießen.«

Ich streckte die Hand aus und deutete auf den Wasserkocher auf dem Ecktisch: »Und das da?«

Und sie: »Oh!«

Was ich damit sagen will: Das Bügeleisen ist für viele heute das Wählscheibentelefon unter den Haushaltsgeräten. Und Bügeln gilt vielen als die unbeliebteste Hausarbeit. Wer gar Handtücher und Bettwäsche bügelt, schrappt nach Ansicht vieler haarscharf an der Einweisung zur Klapse entlang. Leichter Wellenschlag in T-Shirts, Sweatshirts und Jeans wird sozial zunehmend akzeptiert. Schluffigkeit als Ausdruck einer Philosophie: »Die Welt geht unter, was soll ich noch bügeln?«

Und wenn Sie zu denen gehören, die ihre Socken bügeln, dann müssen Sie unbedingt darüber schweigen. Sonst kriegen Sie keine Berufsunfähigkeitsversicherung mehr.

Deutschland: Ein weiteres Mal zerrüttet. Und dabei gibt es eine Lösung (denken Sie sich jetzt bitte einen Tusch!): die Dampfbürste! Ein simpler Wasserverdampfer mit Bürstenaufsatz. Die Dampfbürste glättet und hinterlässt dabei Knitterfalten. Das nenne ich einen typisch deutschen Kompromiss.

Der Flugspaß ist uns abgestürzt

Teuer, eng, verspätet, knausrig, stressig, chaotisch, ungesund. Früher hat man direkt emphatisch mitgenickt: Tja, Deutsche Bahn. Heute gilt das alles fürs Fliegen. Nichts, aber auch gar nichts am Fliegen ab und nach Deutschland macht noch Freude. Okay, außer die Ankunft im Ausland. Hierzulande geht wohl für immer eine Lifestyleära zu Ende. Und es gibt nur einen Ausweg.

Erinnern Sie sich noch an die Zeit, als es an Bord von Flugzeugen damit losging, dass wir die Getränke bezahlen mussten? Wann war das? In den 90ern? Da sagten alle: »Die Fluggesellschaften pressen jetzt echt aus allem Geld.« Wir waren ja so naiv. Mittlerweile sind wir an einem Punkt angekommen, wo ich mich allein schon beim Einsteigen frage, ob das noch alles mit der Menschenwürde vereinbar ist. Also, Schweine werden auf dem Weg zur Schlachtung wenigstens nicht vor ihren Artgenossen als vermeintliche Vordrängler aus der Speedy-Boarding-Reihe geschmissen, nur weil der Deckenmonitor falsche Infos angezeigt hat.

Das ganze Flugprozedere von der Buchung bis zur Gepäckausgabe scheint mittlerweile nur dem Ziel zu dienen, den logistischen Albtraum so schnell wie möglich gemeinsam hinter sich zu bringen.

Aber der Reihe nach:

A. Für Reisemasochisten: Die Flugbuchung

Um einen Flug zu buchen, braucht man heute entweder verschreibungspflichtige Beruhigungsmittel oder ein extrem aluminiumhaltiges Deo. Mittlerweile verändern sich die Ticketpreise ja schon während des Buchungsvorgangs. Nach meiner Erfahrung: nach oben. Warum lassen wir denen das durchgehen?

Stellen Sie sich vor, bei Kaufland oder Rewe oder Aldi liefe das auch so. Sie legen sich ein Stück Butter für zwei Euro in den Einkaufswagen und kurven so an den Gängen mit dem veganen Weingummi vorbei zu den Fruchtsaft-Schaumwein-Mischgetränken in der Hoffnung auf einen aufgekratzten Spätsommerabend unter Freunden, da kommt die Durchsage: »Achtung, Fruchtsaft-Schaumwein-Fans. Greifen Sie schnell zu. Vier andere Kunden betrachten unser Fruchtsaft-Schaumwein-Angebot gerade ebenfalls.«

Sie legen einen Zahn zu, stoßen sich im Galopp die Fußknöchel am Getränkekastenrost Ihres Einkaufswagens, reißen in der letzten Kurve einen Aufsteller mit Lebkuchen und Spekulatius um, kommen mit einsickernden Hämatomen und Herzrasen am mutterseelenallein dastehenden Regal mit den Partydrinks an, raffen, außer sich vor Panik, dass der Abend mit ihren Freunden ins Wasser fallen könnte, siebzehn Flaschen Zuckerfusel zusammen, obwohl auf Ihrem Einkaufszettel ausdrücklich steht »3 Flaschen Fruchtsaft-Schaumwein, mehr nicht«, da vernehmen Sie die Durchsage: »Liebe Tierfettfreunde. Der Hersteller der Butter hat die Preise um 40 Cent pro Klotz erhöht. Sie sehen: Schnell sein lohnt sich. Das haben Sie jetzt davon.«

Liefe das so ab, wir würden die Supermarktketten bis nach Karlsruhe vors Verfassungsgericht zerren. Bei der Flugbuchung hingegen werfen wir Deutschen all unsere Selbstachtung in den Staub. Hier heißt es, als ginge es wegen der Naturgesetze gar nicht anders: schnell entscheiden, schnell klicken, AGB ignorieren, versehentliche Zubuchungen von geführten Quad-Senioren-Ausflügen und einer Bauherrenhaftpflichtversicherung in Kauf nehmen. Hauptsache, schnell.

Und selbst wenn wir über einen Pauschalreiseanbieter buchen: Wir sind auf uns selbst gestellt, was die im Flugticket inkludierten Leistungen angeht. Wer nicht aufpasst und sich beim zulässigen Gesamtgewicht allein am Hinflug orientiert (zum Beispiel 23 Kilo), muss womöglich leiden und auf dem Rückflug (andere Airline, 20 Kilo) unter Umständen am Check-in sein Gepäck durchwühlen und den am letzten Abend mit Schwips am Strand erworbenen und nun liebevoll in getragene Unterwäsche eingewickelten Weinflaschenkühler aus Keramik mit Muschelornamenten (made in Vietnam) entsorgen.

Was ist bloß aus der Fliegerei geworden? Mit dem Zug würde uns das nie passieren.

Als ohne Zweifel ehrabschneidend betrachte ich das Prozedere bei der Auswahl der Sitzplätze im Buchungsprozess am heimischen Laptop. Solange wir uns das hierzulande bieten lassen, werden uns die Putins und Erdogans dieser Welt niemals mehr ernst nehmen. Die sitzen da in ihren altmodisch geschnittenen Sakkos mit zu langen Ärmeln in auf Hochglanz polierten Sälen an elfenbeinfarbenen Tischen und lachen sich kaputt: Guckt mal, wie die Versager in Deutschland Flüge buchen. Mit denen kann man ja machen, was man will. Nice, Alter! Gut zu wissen. Für den nächsten Krieg Schrägstrich für den nächsten NATO-Beitritt.

Wir sind leichte Beute. Da bucht man einen Flug Lissabon–Berlin für zwei Menschen. Die Maschine ist laut grafischer Darstellung der Kabine höchstens zu einem Drittel gebucht. Aber die zwei kostenlos zur Reservierung angebotenen Sitzplätze können leider Gottes nicht nebeneinanderliegen. Da ist der eine dann in Reihe 16 am Fenster und der andere in Reihe 24 am Gang. Nebeneinander kostet extra. Und das nicht zu knapp.

Das ist so, als würde es extra kosten, dass der Postbote das Paket nicht beim Nachbarn in den Gartenteich wirft.

Und es ist mir egal, ob Airlines in anderen Ländern das genauso handhaben. Wenn wir weltweit in der Top 3 bis 4 der Wirtschaftsnationen mitspielen wollen, dann dürfen wir auf keinen Fall extra zahlen für Services, die den Dienstleister selbst nichts kosten. Sie kennen ja vielleicht noch den alten, gesungenen Mediamarkt-Slogan: »La-la-la-lasst euch nicht verar-schen! Vor allem nicht beim Preeeeis.«

Die kleine Melodie sollte Volksweise werde. Was für Mikrowellen gilt, gilt erst recht für Flugzeuge.

B. Zeitpuffer des Grauens: Die Anreise zum Flughafen

Es ist beneidenswert bequem für die Reiseanbieter, Airlines und Flughafenbetreiber, die Fluggäste wegen der katastrophalen Zustände an den Flughäfen zu bitten, einfach drei Stunden vor Abflug am Airport zu erscheinen. Für uns Reisende ist es eine demütigende Zumutung. Entweder weil wir dann tatsächlich stundenlang am Check-in und vor der Sicherheitskontrolle in der Schlange stehen oder, wenn es doch mal unerwartet gut läuft, stundenlang die Zeit vor dem Gate totschlagen müssen. Wenn die Fluggäste so früh da sind, dann kann man ja ruhig acht von zehn Sicherheitsschleusen dicht machen.

Warum zählen wir in Deutschland nicht mal als Vorreiter die Zeit der Sicherheitskontrollen am Flughafen vor dem ersten Teilflug mit?

Airlines, die dann mit den Flughäfen schnellere Sicherheitskontrollen vereinbaren, könnten so kürzere Flugreisezeiten bewerben. Und wir könnten später zum Flughafen kommen. Weil wir als Kundinnen und Kunden doch eigentlich Königinnen und Könige sind!

C. Statt öffentlichen Auspeitschens: Der Check-in

Check-in tut in der Seele weh. Weil er uns mal wieder zeigt: Digital und analog gehen komplett durcheinander.

Zum einen hat das mit den internationalen Verflechtungen zu tun. Nicht überall auf der Welt wurden bereits digitale Check-in-Möglichkeiten geschaffen. Ein irre geiles Gefühl, im Vergleich zu aufstrebenden Ländern digital endlich mal vorn zu liegen! Allerdings: so geil auch wieder nicht. Stellen wir uns eine durchschnittliche TUI-Fly-Schlange am Check-in im Flughafen Hannover vor. Da wird noch viel nach fein säuberlich in Klarsichthüllen verwahrten Zetteln mit der Buchungsbestätigung gewühlt: »Hinnerk, halt mal das Memoryschaumkissen, ich finde den verdammten Ausdruck nicht.«

Gleichzeitig ist der sogenannte Baggage-Drop-off ebendas gerade nicht: der Platz zum Gepäckabladen. Man steht doch wieder in der Schlange, zeigt seinen Ausweis vor (was Menschen ohne Gepäck beim E-Check-in nicht müssen, als machte der Koffer eine Identitätskontrolle notwendig) und bekommt dann auch noch diese dusseligen Gepäckaufkleberschnipsel auf den Personalausweis geklebt. Was nach drei Monaten mit staubig grauen Klebelinien quer über der Passbildvisage endet.

Oder: Der Aufkleberschnipsel wird auf eine (trotz bereits vorliegender digitaler Bordkarte) ausgedruckte Bordkarte geklebt. Was? Soll? Das? Eine nette Dame vom Bodenpersonal sagte mir einst:

»Irgendwo müssen wir den Aufkleber zur Gepäcknachverfolgung ja draufmachen.«

So ein Quatsch! Schickt mir die Schnipselinfos per SMS. Oder Mail. Ihr habt meine Daten. Weil ich online eingecheckt bin.

Und dann gibt es noch das Paketbucherbashing: Wer eine Pauschalreise kauft, wird oftmals noch einmal zusätzlich digital gestutzt. Bucht man etwa einen Flug über TUI, fehlt mitunter der Buchungscode zum Online-Check-in, da die Airline nicht zum TUI-Konzern gehört. So ist es mir vor einiger Zeit passiert: Weil alle, die direkt über die Easyjet-Seite gebucht hatten, sich ihren Lieblingsplatz aussuchen und dann online einchecken konnten, blieb für die TUI-Kunden nur der unbeliebte Rest. Bei Überbuchung des Flugzeugs wird das zum echten Nerventerror, wenn es am Schalter heißt: »Ich kann Ihnen nicht versprechen, dass Sie mitfliegen können. Sie sind einer der Letzten, die einchecken.« Wie gesagt: Passiert einem bei der Deutschen Bahn nicht.

In Hannover bekommen sie es noch nicht einmal hin, die TUI-App ordentlich mit dem Check-in-System ihrer Tochter TUI fly zu koppeln. Da sagt die App (nachweislich!): »eingecheckt«. Die Airline aber sagt: Nein, einchecken online nicht möglich. Diesen Widerspruch muss man erst mal rechtzeitig bemerken. Begründung in der Hotline: Ich hatte vorab eine warme Mahlzeit dazugebucht. Deshalb müsse ich jetzt am Schalter meine ausgedruckte Bordkarte abholen (und vorher in der Schlange stehen). Digital geht also nur mit leerem Magen. Fliegen mit einer deutschen Fluggesellschaft im 21. Jahrhundert!

D. Urlaub noch zu billig? Dann auf zum Duty-free-Shop!

Der einzige Grund, im Duty-free-Shop zu kaufen, ist die schier unendliche Langeweile nach der extra frühen Anreise zum Flughafen. Allein die Preise für aus deutscher Sicht simpelste Supermarktschokolade wie Toffifee und Toblerone sind so irre überzogen, dass es schon eine Frage des Selbstrespekts ist, dort nichts zu kaufen. Sollen sich doch die aus jenen Ländern ruinieren, die mit Snickers und Cadbury aufgewachsen sind. Deutsche spritzen sich lieber von oben bis unten mit Parfüm ab. So geht die Zeit auch herum, dazu noch kostenlos.

Gleiche Horrorpreise wie bei Ritter Sport & Co. gelten in den Cafés. Eine komplette Kaffeeplantage wäre je nach Lage in der Anschaffung günstiger! Die Gastronomen dort mögen ja anführen, dass sechs Euro für einen Löffel kalter Hipster-Linsen mit Spinatblatt und acht Euro für ein Tankstellensandwich den hohen Airportpachtpreisen geschuldet seien. Aber weitergereichte Preisfrechheiten sind und bleiben aus Sicht von uns gebeutelten Fluggästen nun einmal Preisfrechheiten.

Die größte, an Gier nicht zu überbietende Schlitzohrigkeit ist der Preis fürs Wasser. Ich finde, Verschwörungsfanatiker sind ja eher ein Phänomen als eine Bereicherung, aber im Falle des Flughafenwassers sehe ich ganz klar: einen Komplott gegen uns. Warum sollte man jemals aufhören, an der Sicherheitskontrolle die Menge an Flüssigkeiten zu beschränken (obwohl es mittlerweile Geräte gibt, die Flüssigkeiten in der geschlossenen Tasche analysieren), wenn man hinter den Kontrollen für einen halben Liter stilles Wasser 3 Euro 80 kassieren kann? Ja, es gibt sie, die fairen Flughäfen, die Wasser für ein bis zwei Euro anbieten. Aber das Prinzip »Schmeiß das Wasser vor der Tür weg und kauf es hinter der Tür nach« ist selbst dann noch eine

Lizenz zum Umsatzmachen. Ich fordere neue Scanner und bis dahin die Pflicht für hygienische Leitungswasserbrunnen zum Auffüllen der vor der Kontrolle in den Abfluss entleerten Flaschen, wie es sie etwa in geheimen Ecken versteckt am Flughafen BER gibt. Dass Menschen nicht aus Angst ums Reisebudget dehydrieren – das ist der Luxus, um den wir heutzutage beim Fliegen verhandeln.

E. Auf Socken angepampt: Die deutsche Sicherheitskontrolle

Die Kontrolle hierzulande an private Firmen auszulagern, bedeutet manchmal auch: Türstehermentalität im Hochsicherheitsbereich. Zum Beispiel wenn ausländische Passagiere am Hauptstadtflughafen BER konsequent auf Deutsch zurechtgewiesen werden, obwohl sie nichts verstehen, was ganz offensichtlich ist, weil sie etwa Signale senden wie: »*I don't understand.*«

Das Gepäck ist hinter dem Scanner längst durchgelaufen, und nun liegen iPad und iPhone und Laptop offen in der Wanne unbeaufsichtigt herum, während es am Körperscanner nicht vorangeht, weil nur ein einzelner Uniformierter da ist, um die männlichen Fluggäste abzutasten. Überhaupt dieses Abgetaste. Mal mit Spengstofftest, mal mit Schuhsohlencheck, mal nur mit Griff an den Hosenbund, wie halt gerade Zeit ist.

Und dann: »Gürtel aus!« Ach, doch? Mal Gürtel aus, mal nicht. Mal Schuhe aus, mal nicht. Mal Schmuck weg, mal nicht. Ja, was denn nun? Wie soll man da eine elegante Ausziehroutine entwickeln? Manchmal denke ich: Das deutschlandweite Securitygewerbe stimmt sich bundesweit ab, um uns zu verwirren. Denn würde es irgendwann einfach reibungslos klappen ohne Schuhe, aber mit Gürtel, ja, dann würde die Autorität derer in Uniform sinken. Wie soll man dann noch türkische Omas und spanische Studierende zusammenscheißen? Sorry an alle freundlich-fröhlichen, respektvollen Abtaster und Abtasterinnen, aber Sie haben da ein paar Leute in Ihren Reihen, die versauen Ihnen das Image und uns Gästen den Start unserer Reise.

F. Wie für uns Deutsche gemacht: Der Einstieg

Ich bin mir sicher, die Fluggesellschaften haben alle Einstiegsszenarien ausprobiert und auf Effizienz getrimmt. Erst hinten, dann vorn, erst Fensterplätze, dann Gang und so weiter. Einfach zu witzig ist: Letztendlich scheitert alles an unserer kollektiven Dusseligkeit.

Mit dem Herdentrieb geht es los. Da muss nur einer im Wartebereich vor dem Gate aufstehen, damit er besser an seine Hustenbonbons in der Hosentasche kommt, und schon stolpern die anderen mit Allwetterjacken über dem Trolleygriff im Pulk voran, weil es ja irgendwie loszugehen scheint mit dem elendigen Einstieg.

Parallel zum Herdentrieb kommt der deutsche Anspruch zum Zuge, für sich und seine Familie das Maximale an Vorteilen herauszuschlagen. Man hat ja nicht zu knapp bezahlt. Der Pulk fängt jetzt an zu wabern, denn innerhalb der Masse muss sich klären: Wer steht vorn? Wenn dann jemand aus Langeweile schon zwei Weizenbier intus hat und sich gedanklich zur These versteigt, ein gewisses Rangeln zugunsten einer guten Einstiegsposition könnte später der Libido seiner Reisebegleitung nur zuträglich sein, dann kann es im Testosteronnebel ungemütlich werden da vorn unter dem grün blinkenden Monitor.

So blieb den Fluggesellschaften im Kampf gegen den uns immanenten Optimierungsdrang als Letztes leider, leider nur die eine Lösung: Wer es komfortabel haben möchte, der zahlt – na? Extra!

Und wenn sich die Schlange dann irgendwann formiert hat und alle sehen, wo Spreu und wo Weizen stehen (Ersteres hinten), dann geht die Phase der hochkriechenden Verachtung los. Wenn sich in den Hinteren das Gefühl breitmacht: Hoffentlich sind im Hotel nicht so viele Deutsche. Warum? Weil die hinten spüren, nicht mithalten zu können. In dieser deutschen Ellenbogengesellschaft. Und das wurmt. Aus Abscheu vor dem demütigen Gedrängel, aus Angst, bald wieder den Kürzeren zu ziehen, buchen mitunter mehr als die Hälfte der Passagiere das Ersteinstiegsprivileg. Mit der nun wirklich absurden Folge, dass sich jeder noch aufzutreibende Flugkomfort zu denen mit den billigen Tickets verlagert. Denn die können wenigstens bis zum Schluss am Gate sitzen bleiben. Einsteigen, Tür zu und los.

Wäre da nicht das Problem mit dem zu knappen Platz für das Handgepäck. Deshalb gibt es auch hier eine lukrative Lösung: Wer Taschen mit an Bord nimmt, die oben hineinmüssen, zahlt bei den ersten Airlines jetzt (mir ist es selbst fast peinlich): extra.

G. Das Lästigste an einer Flugreise mit einer deutschen Airline: Der Flug

Zum Flug selbst gibt es nicht viel zu sagen. Obwohl: doch! Die Luft ist dünn, die Füße dick, und lässt sich der Mensch vorn nach dem Toilettengang entspannt in seinen Sitz fallen (und wiegt mehr als zwölf Kilogramm), brechen dem Hintermann (größer als 1 Meter 40) die Kniescheiben. Dank der superschlanken Recaro-Sitze, deren Polster dünner sind als das On-Board-Magazin. WLAN ist zufälliger Luxus. Während man Internet im ICE zu Recht streng erwartet und genervt ist, wenn es streikt (und dann so halb hörbar durch den

Großraum quengelt: »Typisch Deutsche Bundesbahn«, falls sich jemand solidarisieren möchte), da freut man sich im Flugzeug einfach, wenn es WLAN gibt.

Auf einem meiner letzten Flüge gab es keine Seife im Waschraum. »Ja, sorry, aber da ist doch Desinfektionsmittel«, lächelte mich der von mir aus dem Small Talk mit einer Kollegin gerissene Flugbegleiter an. Aber es ist wohl richtig: Die höchste Infektionsgefahr an Bord besteht, wenn nach der Landung die Belüftung ausgestellt wurde und alle sich bei geschlossenen Türen im Mittelgang eng neben denen drängeln, die mit eingezogenem Kopf unter den Deckenfächern kauern. Halb stehend und an der Lehne der Vorderperson zerrend, weil sie glauben, dass sie dann schneller im Hotel sein werden. Das Land der Dichter und Denker. Nicht ganz dicht und denkt sich nichts.

Die Fliegerei macht uns eben dumpf und anspruchslos. Da freuen wir uns schon über die Pfeife an der Schwimmweste. Früher hätten wir so was noch hinterfragt. Aber im Flugzeug ist uns mittlerweile alles egal. Vielleicht kommt irgendwann mal ein Kind wie bei der Geschichte *Des Kaisers neue Kleider*, das da gerufen hat: »Aber der Kaiser ist ja nackt«, und sagt: »Wie soll uns nach einem Absturz mitten in der Nacht auf dem offenen Meer inmitten meterhoher Wellen, tosendem Sturm, peitschendem Regen und den ratternden Motorgeräuschen der Suchhubschrauber irgendjemand hören, wenn wir da halb absaufend die 5-Cent-Plastikpfeife in den Mund nehmen und machen: Fiep?«

H. Lufthansa-Geiz-Sandwich: Zufrieden leben mit wenig

Da sind wir Passagiere bereit, Hunderte von Euro für einen Langstreckenflug auszugeben, und ärgern uns an Bord über die Qualität des Essens. Die Lufthansa lehrt ihre Landsleute Verzicht: Das Menü im Himmel ist sowieso ein verschwenderisches Relikt aus Zeiten, als ein Flug noch Luxus war.

Lufthansa ist und bleibt Premium. Der Beweis ist das »wertige« Sandwich. Gut, »hochwertig« ist es laut Unternehmenskommunikation dann leider nicht. Aber eine Flugreise ist eben kein Wunschkonzert.

Lufthansa – Your Wertiges Sandwich Airline.

Ein guter Slogan wie dieser wäre wichtig, denn ich frage mich seit Langem, wie ich die Fluggesellschaften noch auseinanderhalten soll außer mithilfe von Zuschnitt und Farbe der Stewardessenhüte. Die bequemsten Sitzpolster, die am rabiatesten verbiegbaren Kopfstützen oder die neuesten Monitore in der Lehne vor einem, all das geht bei den ganzen Flugzeugtypen pro Airline doch total durcheinander. Da ist die eine Airline gerade am Umstellen, da ist die andere gerade innenarchitektonisch ganz vorn, plötzlich schon wieder veraltet, und eine andere lässt den Flug über einen Partner einer anderen Fluggesellschaft »operaten«. Ein undurchschaubares Glücksspiel. Den beständigsten Wiedererkennungswert hat tatsächlich das Essen an Bord. Ist das nicht gaga? So als würde man eine Opernpremiere danach beurteilen, wie lange man an der Garderobe warten muss.

Das mit dem Flugcatering als Maßstab ist letztendlich die Schuld von uns Passagieren. Weil wir uns im Bestreben, dem langweiligen Flug irgendetwas Besonderes abzugewinnen, an jede einzelne Kalorie klammern, die wir in der Kabine abfangen können. Das Schokoladenherz beim Aussteigen wird am Ende der Grund sein, warum wir Air Berlin niemals vergessen werden. Ein Centartikel.

Ich habe mal einen Freund gefragt: »Wie war der Flug mit Emirates?« Und er sagte: »Die hauen da diese teuren Butterkekse von Walkers raus.« Ein Keks für einen Supermarktstückpreis von rund 45 Cent veredelt den 1000-Euro-Flug.

Und ich ticke ja genauso! Air France hat jüngst in der Economy keinen Champagner ausgegeben. Und ich denke: Toll, wozu soll ich dann noch mit den Franzosen fliegen?

Früher gab es bei der Lufthansa eine Einwegschale mit einem Stück Hühnchen in der Größe eines halb leeren Päckchens Tempo-Taschentücher, dazu ein Viertel geschmortes Karöttchen und ein Knubbel Brokkoli, ein Löffel Krautsalat mit einem Ministräußchen Petersilie, ein Brötchen in der Größe eines Golfballs und zum Nachtisch ein Mikroobstsalat mit zwei Stücken grüner Melone und zwei Trauben und einer Scheibe Orange in Form eines Stoppschilds.

Stattdessen gibt es jetzt ein belegtes Brot.

Lufthansa nennt solche Umstellungen nicht Sparmaßnahme, sondern »Weiterentwicklung«. Das ist schon eine grenzwertige Kommunikationsstrategie, weil sie hart an der Kundenverhöhnung entlangschrappt. Es wäre doch für die Airline jenes Landes, dessen wertvollster Rohstoff die schlauen Köpfe sind, redlich gewesen, etwas zu sagen wie: »Leute, stellt euch nicht so an. Es geht ohnehin bloß um warmen Fast-Food-Fraß, den ihr euch für 5 Euro 90 bei Ikea kaufen könnt. Und über den Wolken ist der logistische Aufwand für uns einfach der Horror. Das lohnt sich nicht mehr, Kinder! Guckt ein bisschen aus dem Fenster, seid froh, dass wir noch fliegen, nehmt dieses hirnverbrannte wertige Sandwich und stopft es euch in den Kopf.«

Stattdessen sagt Lufthansa, viele Fluggäste wollten die zweite Mahlzeit gern mit aus dem Flugzeug nehmen. Und da sei das Sandwich eben praktischer. Was für ein glücklicher Zufall, dass dieser Kundenwunsch die Lufthansa billiger kommt!

Können wir nicht darauf verzichten? Seien wir ehrlich zu uns selber. Mit Hunger hat das alles nicht viel zu tun. Es geht um das Ritual »Essen über den Wolken«. Sobald die Trolleys im Gang auftauchen, beginnt die persönliche Wann-krieg-ich-mein-Tablett-Phase von bis zu zwanzig Minuten. Dann kommt die Verzehrphase von rund zehn Minuten mit Foliengefummel, Gestocher, Aluminiumgefalte, direkt gefolgt von der Warum-bekomm-ich-das-Getränk-nicht-zum-Essen-Frust-Phase von weiteren zehn Minuten. Dann schließlich das Tablett-kann-weg-und-ich-komm-hier-nicht-raus-Intervall von bis zu 45 Minuten. Damit sind mit einer Mahlzeit rund anderthalb Stunden totgeschlagen. Da kann ein Sandwich nicht mithalten, so wertig es auch sein mag.

I. Personalmangel = Gepäckmangel

Das waren noch Zeiten, als der BER für den Niedergang der deutschen Ingenieurskunst stand – und dafür, was passiert, wenn Politiker nicht nur Baumeister spielen, indem sie sich einen gelben Helm aufsetzen und erste Spatenstiche machen. Sondern zudem dauernd nachträglich reinquatschen.

Heute ist der BER ja nur noch ein Beispiel für Personalmangel. Und zwar ein schlimmes. Weil es zeigt, wie schön man die Servicemisere auf die Weltlage schieben kann.

Vor einiger Zeit musste ich dort auf mein Gepäck warten. Rund eine Stunde lang. Mit Hunderten anderen. Ohne eine(n) einzigen

BER-Mitarbeitende(n) vor Ort. So lautete sinngemäß die Durchsage: Fehlendes Personal.

Aber BER-Bashing ist langweilig. Die Lufthansa zum Beispiel bashed lieber den Münchner Flughafen. Dort ist mir kürzlich ein Koffer abhandengekommen. Beim Umstieg. Dass er dort verloren gegangen ist, konnte ich gut sehen. Ich hatte zur Ortung einen Apple-Tag im Gepäck. Der ließ auf der App mein Gepäck auf dem Rollfeld in München aufblinken. Nur bei mir am Reiseziel angekommen ist der Koffer nie. Also: Wochen später war er dann da. Angeblich. Allerdings am Zielort Barcelona. Von wo ich fast einen Monat vorher längst wieder abgereist war. Was die Lufthansa von Tag 1 an auch wusste.

Als ich damals bei der Hotline angerufen habe, um mich nach dem Verbleib meines Hab und Guts zu erkundigen, begann die automatische Ansage direkt mit der Info: »Wir sind uns der Probleme am Flughafen in München bewusst.«

Und trotzdem kriegen sie es nicht hin! Problem erkannt und nicht gebannt.

Unsere einst so stolze Lufthansa ist auch deshalb gefühlt keine Premium-Airline mehr, weil sie ihren Hub in München hat. Die ewig gescholtene Deutsche Bahn steht, so betrachtet, besser da: Deren Bodenpersonal nimmt einem nicht das Gepäck weg und gibt es nicht zurück.

J. Wir fliegen mit Flugscham, aber wir fliegen

Fliegen ist eine Klimasünde. Wie soll das alles aber jemals wieder besser werden? Der Chef des Paderborner Airports Roland Hüser hat mir jüngst gesagt: Es müsse in der Fliegerei doch nicht alles so bleiben, wie es immer war. Die Zukunft werde kleiner, flexibler und klimafreundlich.

Es klingt so, als wäre die Freude am Fliegen im heutigen System nicht mehr zu reaktivieren. Wir müssen auf ganz neue Zeiten warten. Fliegen ist bis dahin das Übel, das wir hinter uns bringen müssen, um von A nach B zu kommen, wenn B sehr weit weg ist. Das Einzige, was uns rettet: Augen zu und ganz fest an B denken.

Und was ist mit dem verdammten CO_2? Hier ticken wir wieder wunderbar deutsch. Wir fliegen mit schlechtem Gewissen. Verstehe ich nicht. Entweder haben wir ein schlechtes Gewissen. Dann fliegen wir nicht. Oder wir haben keines. Dann fliegen wir.

Ich kenne sehr liebenswerte Leute, die trauen sich erst nach sehr vielen Mon Chéris zuzugeben: »Wir sind kürzlich von Köln nach Berlin geflogen. Weil wegen einer Baustelle der ICE über sechs Stunden gebraucht hätte.«

Andere beichten einen Mord gelöster. Und ich sage: »Dann kompensiert doch.«

Damit meine ich: Man könnte doch eine Ausgleichszahlung leisten. An ein Unternehmen, das sich darum kümmert, dass mit dem Geld Projekte unterstützt werden, die den CO_2-Ausstoß um den Betrag reduzieren, die der Flug pro Passagier erzeugt hat. Man wäre dann quitt. Geht es noch schöner?

Die Leute sagen mir dann Dinge wie: »Das ist Augenwischerei. Selbstbetrug. Red dir das Fliegen nicht schön. Besser wäre es, nicht zu fliegen.«

Ich sage: »Bin ich blöd? Wenn wir ausreichend und seriös kompensieren, ist es doch, zumindest was das CO_2 angeht, nicht besser, nicht zu fliegen, sondern genauso gut. Oder nicht?«

»Besser wäre es aber, für klimafreundliche Projekte zu spenden und nicht zu fliegen.«

Sagen die Leute, fliegen mit schlechtem Gewissen und kompensieren nicht.

Unterm Strich: Wie nennt man das Fliegen in, ab und nach Deutschland? Wir wollen billig buchen, schnell und als Erste einsteigen, an Bord maximalen Service und Genuss, pünktlich ankommen, unser Gepäck zurück, und am Ende kriegen wir nichts davon und schämen uns auch noch dafür.

Wie nennt man das noch mal, wenn am Ende aber auch gar nichts geklappt hat?

Ach ja:

Doppelwumms.

Nervenkiller Selbstscankasse: Wir klauen offenbar zu viel

Angefangen hat damals ja alles bei Ikea. Die ließen in den 1970ern und 80ern Spanplatten ja billig von politischen Gefangenen in der DDR zurechtsägen und wir schraubten sie als brave Kunden dann selbst zusammen. Vorher bezahlen – natürlich. Früher war das mit dem Bezahlen bei Ikea total genial. Einer stellte sich schon mal in die Schlange an der Kasse an, und der andere besorgte während der Wartezeit noch eben ein Schwarz-Weiß-Poster mit einem Londoner Doppeldeckerbus in Knallrot darauf, Fischrogen aus der Tube und eine Einbauküche. Nur einmal gab es eine Panne: Ich erinnere mich, wie meine Mutter in den 80ern an der Kasse plötzlich den Tränen nah war. Man wollte bei der Bezahlung per Euroscheck ihren schwedischen Pass nicht als Ausweisdokument akzeptieren. Bei Ikea! Der Geschäftsführer konnte schlichten.

Heute ist es bei Ikea nicht mehr die größte Herausforderung, die Spanplatten zusammenzuschrauben. Heute ist es kaum mehr zu bewerkstelligen, die Spanplatten zu bezahlen. Denn bei Ikea kassieren sich mittlerweile die Kunden selbst ab. Das Prinzip: Der Kunde scannt alles allein, und dafür kann das eingesparte Kassenpersonal andere tolle Sachen machen. Das spart das Geld der Kunden und deshalb sind wir ja schließlich hier.

Spanplatten selbst scannen und dabei Geld sparen: Besonders eifrige Sparfüchse kommen da natürlich auf ganz besonders ausgefuchste Ideen – an Recht und Gesetz vorbei. Wie billig wird eine Pax-Schrankwand erst, wenn man die sechs Spiegeltüren nicht scannt?

Und nun wird klar, was die mit den eingesparten Ikea-Kassierern machen. Sie stellen sie als Sicherheitsdienst an die Selbstscan-Kassen und lassen sie die Kunden überwachen. Denn jeder Kunde ist nun ein potenzieller Krimineller. Während man Spanplatten, Teelichter und Spülbürsten mit der Laserpistole nach dem Strichcode absucht, spürt man die stechenden Blicke der misstrauischen Ikea-Sheriffs im Rücken.

»Haben Sie Pflanze und Übertopf auch jeweils einzeln gescannt?«

»Ja.«

»Super. Und die Lackregale? Das sind fünf, richtig?«

»Ja, und? Ich habe auch fünfmal gescannt.«

»Super. Haben Sie daran gedacht, die Papiertüten einzutippen?«

»Ich bin gerade dabei, ja?!«

»Super. Kann ich dann gerade noch mal den Kassenbon zur Kontrolle sehen, bitte?«

Selbst schrauben dürfen wir. Aber selbst scannen? Ikea sind die deutschen Kunden offenbar zu preisbewusst. Hierzulande wurde ja auch das lebenslange Rückgaberecht sehr flott wieder kassiert. Begründung eines Mitarbeiters der Warenrücknahme hinter vorgehaltener Hand: »Die Deutschen handhaben das anders als die Schweden.«

»Wie denn?«

»Die kommen tatsächlich noch nach Jahren und bringen ihr Sofa zurück, weil es fleckig geworden ist.«

»Ja, aber das war doch der Gag der Aktion.«

»Jaja.«

»Ja.«

»Na ja.«

Da ich eben Mon Chéri erwähnt habe, komme ich darauf: An den vollen Kassen unserer Supermärkte und Drogerien ist genauso oft

Schluss mit dem Shoppingspaß. Aus anderen Gründen. Wer dann die Selbstscankasse nutzen will, sollte Mut am Scheitern haben. Oder auf neue Technik hoffen. Die Frage ist also: Sind Selbstscankassen hierzulande sinnvoll?

Bei Rossmann und dm scannt es sich ganz manierlich. Da muss man allerdings auch nichts abwiegen. Aber wühlen Sie sich mal im Supermarkt durch die verschiedenen Birnensorten auf dem Display. Bei manchen Selbstscankassen müssen Sie dann alles Gescannte auf der anderen Seite ablegen. Irgendwie wiegt die Kasse, ob da wirklich alles liegt. Tun Sie das nicht, wird das System misstrauisch und streikt. Aber selbst wenn Sie es tun, streikt das System manchmal und ermahnt Sie abzulegen, was Sie leider schon getan haben. Und den »Hab ich doch schon«-Knopf gibt es nicht. Das ist meist der Moment, an dem wir nach dreißig gescannten Artikeln beim 31. bereuen, uns nicht in die Schlange vor dem Kassierer aus Fleisch und Blut angestellt zu haben.

Jüngst dachte ich bei Netto kurz vor der SB-Kasse: Bring deinem Schatz noch eine Stange Mon Chéri mit. Mein Gott, ja, Impulskauf. Ich mag die Dinger selbst gern. Sie wissen: Diese Pinimenthol-Kirsche oder wie die heißt. Was ich aber in meiner Impulskäufernaivität übersehen hatte: Mon Chéri legt alles still – und löst Alarm aus. Über den Scanner gezogen, fängt gleich alles an zu blinken. Denn in Mon Chéri ist ja Alkohol drin, und woher soll die Kasse wissen, dass ich schon 18 bin? Das könnte sie überprüfen, indem sie meine Kreditkarte annimmt. Stattdessen muss aber eine Kassiererin meine Gesichtshaut mit ihren Augen scannen, um sicherzugehen, dass ich kein Kind mehr bin. Aber diese Person kommt nicht. Es scannt mich niemand. Und das passiert häufiger. Denn: Während wir etwa bei Ikea beim SB-Scannen regelmäßig so argwöhnisch beäugt werden, dass man am liebsten die Hände hochreißen will, um sich zu ergeben, stehen die Kassen in unseren Supermärkten nicht selten gelb oder rot blinkend in der Gegend herum – längst verlassen von den genervten Kunden. Wie mir, der ich dann einfach das Mon Chéri liegen lasse und den restlichen Einkauf noch einmal an der SB-Kasse daneben scanne. Wichtig also: Wer scannt, muss unbedingt alkoholabstinent leben.

Weil aber dann beim Scannen das Sicherheitsetikett vom Stremellachs nicht deaktiviert wird, wird man beim Rausgehen am Ausgang auch noch als Ladendieb angehupt. Mir keiner Schuld bewusst, den Kassenbon fest umkrallt, gehe ich in diesen Fällen gespielt ungerührt weiter. Und erwarte, vom Ladendetektiv hinterrücks niedergeschlagen zu werden. Aber: Personalmangel.

Mittlerweile wird in Deutschland in den ersten Filialen bereits getestet, ob wir reif sind für Pick&Go. Kameras und Waagen in den Regalen erfassen, was wir greifen. Bezahlt wird ohne weiteres Zutun über das in der App hinterlegte Zahlungsmittel. Ganz ohne Kasse, sogar ganz ohne Selbstscan.

Sind wir in Deutschland reif für diese Technik? Heimlich falsch scannen geht dann nicht mehr. Noch so was, das das Leben für viele teurer machen wird.

Das Tempolimitchaos zerstückelt unsere Städte: 20, 40, 30 (bis 17 Uhr)

Wir und die Autos. Mann, Mann, Mann, Mann, Mann. Weil sanftes Fahren innerorts gesetzlich immer noch als abartig gilt, wimmelt es mittlerweile an Schildern, wo es ausnahmsweise tatsächlich langsamer zugehen soll. Das verwirrt, sieht hässlich aus und ist teuer. Es gäbe eine Lösung. Komm ich gleich zu.

Der Berliner Oranienkiez ist so voller Tempolimitschilder, den kann man bestimmt vom Weltraum aus glitzern sehen. Dieses Chaos ist eigentlich nur von einer Autofahr-KI zu bewältigen, die es noch nicht gibt.

Wenn Sie mit dem Auto durch den Oranienkiez mitten in Kreuzberg kurven, brauchen Sie jemanden auf dem Beifahrersitz, der für Sie darauf achtet, wie schnell Sie gerade fahren dürfen. Denn das ändert sich auf den Straßen dort alle paar Meter, und das kann kein Mensch aufnehmen. Man muss ja schließlich auch noch auf die Sicherheit der anderen Verkehrsteilnehmer achten.

Fahren Sie etwa die Oranienstraße entlang, gilt Tempo 30. Nicht als Zone, sondern gekennzeichnet durch ein kleines rundes Schild mit rotem Rand als Streckenabschnittsbeschränkung. Ein paar Hundert Meter weiter, am Oranienplatz, gilt 50, aber nur für rund 200 Meter, dann gilt geradeaus wieder 30, biegen Sie links ein, gelangen Sie in eine 30er-Zone. Fahren Sie dort westlich, gelangen Sie in eine Straße, in der 10 gilt, während nördlich eine 20er-Zone beginnt. Wären Sie vorher geradeaus gefahren, wären Sie aus der 30er-Zone herausgelangt, um dann rechts auf einer Strecke von rund zehn Metern 50 fahren zu dürfen, bis Sie dahinter direkt auf 30 ausgebremst werden, aber nicht als Zone, sondern jetzt mit der zeitlichen Beschränkung bis 17 Uhr.

Aber gucken Sie nicht zu lange auf die Uhr, das lohnt sich nicht, denn wenige Meter weiter steht »30« ganz ohne zeitliche Beschränkung. Hinter einer Einbiegung hat man dann aber erst gar kein 30er-Schild mehr aufgestellt, sodass man die geschätzt 150 Meter bis zur Ampel im Grunde wieder 50 fahren darf. Für dieses km/h-Chaos benötigen Sie Dutzende von Schildern, von denen eines mit Pfosten gut und gerne 150 Euro kostet (plus Montage und plus Reinigung in den Folgejahren).

Nun höre ich Sie schon mit dicker Halsschlagader ungebremst schreien: »Gut gewiehert, Amtsschimmel!«

Aber gemach. Die armen Schilder-aufstell-Planer*innen können gar nichts dafür. Die müssen das so machen. Weil es das Gesetz so von ihnen verlangt.

Zum einen soll es 30er-Zonen (also die mit den großen quadratischen Schildern), grob gesagt, nur in Wohngebieten geben. Diese zeichnen sich nach Dafürhalten der Gesetzeserfinder etwa dadurch aus, dass sich in ihnen keine Vorfahrtsstraßen befinden, also die mit dem Zeichen im Stil eines viereckigen Spiegeleis.

Wenn, dann dürfen es nur die dreieckigen Schilder sein, die uns die Vorfahrt für die nächste Einmündung einräumen. Aber auch nur dreimal hintereinander (außer, es verläuft eine Buslinie entlang dieser Straße). Sonst öffnete das Tür und Tor fürs Langsamfahren. Und wo kämen wir da hin in diesem Land? Sind wir hier etwa in Spanien?

Ampeln soll es auch keine in der 30er-Zone geben. Für 30er-Zonen sind Rechts-vor-links-Gebiete ein Paradies. Durchkreuzt eine Spiegelei-Vorfahrtstraße die Zone, muss diese Zone an jener Vorfahrtstraße enden und direkt danach auf der gegenüberliegenden Straßenseite wieder beginnen.

Also, Sie sehen schon: Die 30er-Zone kann nur dorthin, wo alles darauf hindeutet, dass niemand schnell durchfahren will. Es zählt vorwiegend, was die Menschen in ihrer temporären Rolle als Autofahrende wollen.

Und das gilt auch dort, wo 30 streckenweise gilt (rundes Zeichen mit 30 drauf). Einfach 30 vorschreiben, weil 50 einem zu schnell ist, das geht nicht. Es muss schon einen Grund geben für mehr Verkehrssicherheit oder Ruhe, etwa wenn in der Nähe der Straße Schulen, Kitas oder Altenheime liegen.

Und jetzt kommt's: Damit Schule und Altenheim nicht hinterlistig als Vorwand dafür genutzt werden, gleich kilometerlang den Stadtverkehr freundlicher für Radfahrer und Fußgänger zu gestalten, ist pro Anlass nach 300 Metern Schluss mit langsam. Danach muss es einen neuen Grund geben. Liegt die nächste Schule aber 400 Meter weiter, muss zwischendurch eine Höchstgeschwindigkeit von 50 gelten. Nicht selten mit dem Ergebnis, dass dieser Bereich nur wenige Meter lang reicht. Mit Schaltgetriebe bekommen Sie da eine Sehnenscheidenentzündung.

Und zu guter Letzt gibt es als Gipfel des 30-nur-da-wo-es-sich-wirklich-nicht-verhindern-lässt-Heckmecks die Konstellation, dass die 30er-Zone an einer Vorfahrtsstraße enden muss, die ihrerseits aber einen 30er-Streckenabschnitt an dieser Stelle aufweist. Mit anderen Worten: Die 30er-Zone wird für eine 30er-Strecke unterbrochen. Mit Zonenbeendigungsschild (quadratisch) plus Streckentempobeschränkungsschild (rund).

Das alles ist teuer, verwirrend und sieht eklig regulierungswütig aus. Der beschränkte Horizont der Gesetze beschränkt sozusagen uns allen auf der Straße den Horizont.

Es gäbe eine Lösung gegen diesen Schilderwahn: eine Geschwindigkeitsbegrenzung auf 30 Stundenkilometer innerorts außer auf großen Verkehrsadern.

Der ADAC rechnet vor, dass etwa in München bereits auf über 80 Prozent der Straßen Tempo 30 gilt. Kritikern von 30 innerorts dient das als Argument zu sagen: »Was wollt ihr mehr?« Antwort: weniger Regelungschaos. Wenn schon 80 Prozent der Straßen 30er-Bereiche sind, dann können wir nur erahnen, wie viele Schilder abmontiert werden könnten, wenn generell 30 gölte und nur die Hauptverkehrsadern mit 50er-Schildern bestückt werden müssten.

Die Stimmung könnte kippen. Die Initiative »Lebenswerte Städte und Gemeinden« von über 1000 deutschen Kommunen fordert, Tempo 30 dort anordnen zu können, wo sie es vor Ort für richtig halten. Und nicht nur dort, wo konkrete Gefährdungen drohen, und vor sozialen Einrichtungen. Ende 2023 war ein Gesetzentwurf dazu noch am Bundesrat gescheitert. Mit anderen Worten: Die Leute im Bundesrat wollen, dass auch gegen den Willen der Menschen in den Kommunen schnell gefahren werden *muss*. Ist das irre? Nein. Das ist deutsch. Es darf sich nichts verändern. Sonst befürchten wir das Ende unserer Identität.

Der ADAC warnt zwar, dass Tempo 30 außerhalb von Wohngebieten die Autofahrer dazu verleiten könnte, ausgerechnet durch die Wohngebiete zu fahren, weil es dort ja auch nicht langsamer voranginge. Aber meine Güte, Leute, mal generell: Das kann doch nicht sein, dass wir in Deutschland in unseren Städten nicht langsamer fahren, weil sonst der Verkehr im Wohngebiet zu wild wird – und wir dann das wiederum nicht geregelt kriegen. Das größte Land der EU gibt sich auf. Wegen endgültiger Planlosigkeit.

Jeder, der kurz googelt, findet Lösungen gegen Durchgangsverkehr in Wohngebieten: durch Kiezblocks, wie sie in Barcelona mittlerweile vorkommen. Die Verkehrsführung wird so angepasst, dass Wohngebiete eben keine Parallelen zu den Hauptverkehrsadern bieten, sondern dass wir im Auto immer wieder auf die große Ausgangsstraße zurückgelangen, was solche Fahrten zu Umwegen macht und nur noch für Anlieger sinnvoll ist.

Tempo 30: Das heißt nicht, dass wir plötzlich nachts um drei Uhr auf sechsspurigen Straßen in Gewerbegebieten mutterseelenallein 30 fahren müssen. Sondern es bedeutet weniger Rechtfertigungsdruck für den Wunsch nach Entschleunigung dort, wo Fußgänger, Radfahrer und Autofahrer sich den Raum teilen. Autofahrer sind auch manchmal Radfahrer. Und der Fußgänger von vormittags setzt sich nachmittags vielleicht in seinen Skoda. Wir sind auf der Straße keine Feinde! Wir wollen alle mehr Lebensqualität für alle.

Unsere Klingelschilder sind Spiegelbild des deutschen Problems

Wir müssen alles hinterfragen. Sonst kommen wir nicht weiter. Und wenn wir die Dinge nicht selbst hinterfragen, machen es andere.

Zum Beispiel unsere internationalen Fachkräfte. Die wir dringend brauchen, die wir kompliziert anwerben, und wenn sie hier sind, gehen wir mittags nicht mit ihnen in die Kantine und haben abends nie Zeit für eine Einladung zum gemeinsamen Essen und sagen Sachen wie: »Ich bin die nächsten vier Monate abends verplant. Danach gern.«

Weil: Wir haben ja schon Freunde. Was brauchen wir neue aus Spanien, der Ukraine, Indien oder Chile? Wir sind ja schließlich nicht die Integrationsbeauftragten der Bundesregierung. Die Leute müssen eben selbst zusehen, wo sie bleiben, wenn sie schon hier sein dürfen, nicht wahr? Jawoll!

Apropos Chile. Ein Bekannter von mir kommt aus Chile, eine heiß begehrte Fachkraft. Neulich fragte er mich: »Was ist das bloß für ein Quatsch mit euren Klingelschildern in Deutschland?«

Ich sagte: »Wenn es dir hier nicht passt, geh doch hin, wo du hergekommen bist.« Nein, Spaß, niemals, in Wirklichkeit fragte ich: »Hä? Unsere *Klingelschilder*?«

»Ja, überall stehen in Mehrfamilienhäusern die Namen an den Klingeln.«

»Ja, und? Was soll denn sonst draufstehen? Die Schuhgröße?«

Er musste sehr lange lachen, denn dieser Witz, der mir ganz allein eingefallen war, war sehr gut. Dann sagte er: »Nein, die Wohnungsnummer.«

Sofort fingen in meinem Hirn die Räder an zu knirschen: Wohnungsnummern. Was ist daran doof? Was ist daran schwellenlandmäßig? Was können andere von uns mit unseren Namen an den Klingeln lernen?

Und ich sagte: »Ja, aber dann muss man ja Besuchern immer die Wohnungsnummer sagen.«

»Ja.«

»Ja, siehste.«

»Ja, dann gib sie den Besuchern doch. Als Teil deiner Adresse.«

»Und was ist daran besser?«

»Guck dir mal an, wie die Klingelschilder bei euch aussehen. Überklebt und zugekritzelt. Oder der Hausmeister muss bei jedem Umzug ein neues Messingschild gravieren lassen. Und wenn man vor der Tür steht, und da wohnen mehr als zwanzig Parteien, dann sucht man ohne Anhaltspunkt ewig nach dem richtigen Knopf. Denn natürlich ist da nichts alphabetisch geordnet, sonst müsste man ständig alles umlöten. Und dann muss man auch immer den Nachnamen wissen. Oder den Nachnamen des Hauptmieters bei einer WG. Bei uns in Chile werden Klingeltasten nie neu beschriftet. Und die Nummern sind dank aufsteigender Reihenfolge sofort zu finden. Dass ihr ausgerechnet bei eurer Datenschutzangst eure Namen an die Tür schreibt, ist echt witzig.«

Mir fiel eine Gegenfrage ein: »Witzig, ja?« Und ich dachte mir so: Neue Besucher rufen eigentlich immer an und sagen: »Ich stehe vor der Tür, kannst du aufmachen?«

Seitdem überlege ich, das Klingelschild mit der Wohnungsnummer zu beschriften. Das Blöde ist: Zwischen all den Meiers und Müllers und Schmidts in einem großen Mehrfamilienhaus ist eine irgendwo mittendrein gesetzte Nummer auch nicht in Sekundenschnelle zu finden. Weil ihr Platz sich nicht numerisch herleiten lässt. Ach, menno!

Ich wollte erst zu Neonfarbe greifen. Aber das erlaubt die Hausverwaltung nicht. Es soll nämlich einheitlich aussehen. Also unübersichtlich.

Nein, also, wenn Sie ein Klingelschild mit Namen drauf haben wollen, dann töpfern Sie sich eines. So mit Papa (Stefan), Mama (Meike), Kind 1 (Mia), Kind 2 (Fynn) und Katze drauf. Und dann kaufen Sie sich ein Einfamilienhaus. Namensschilder an Mehrfamilienhäusern sind jetzt nicht mehr zu ertragen. Weil wir wissen: Es geht besser. Das ist letztendlich die Konsequenz der Fachkräfteeinwanderung.

Ruhrgebiet: So groß und doch lieber nur klein-klein

Ich kann die Zuneigung der Leute im Ruhrgebiet zu ihrem Pott irgendwie verstehen. Ich würde mir im Tierheim auch einen der verwahrlosten Hunde aussuchen. Aus der Motivation heraus, ihn aufzupäppeln.

Nee, im Ernst. Das Blöde ist: Im Ruhrgebiet päppelt irgendwie nichts. Zumindest nicht von außen wahrnehmbar. Das Leben im Ruhrgebiet mag ja ganz nett sein, wenn man dort herkommt. Heimat halt. Man stellt keine Fragen. Im restlichen Deutschland allerdings hat die Gegend ein Image, das irgendwo zwischen »Da war mal was« und »Pech gehabt« schwankt.

Vor ein paar Wochen hat mir ein junger Mann aus Brandenburg aufgebracht erzählt (er musste sich erst mal setzen): Als sein Vater zu Jahresbeginn zum ersten Mal das Ruhrgebiet besucht hat, ist er ganz in sich gekehrt zurückgekommen. Er hat sich im Schlafzimmer verkrochen und tagelang nicht gesprochen. Im Suff (sein Vater hatte bis zu diesem Zeitpunkt nie Alkohol angerührt) hat er ihm dann Wochen später am Frühstückstisch doch sein Herz ausgeschüttet: »Diese Bilder! Es tut mir so weh. Der Westen ist ja schlimmer dran als wir!«

Da war ein Weltbild zerborsten.

Wir Deutschen haben es nun mal unseren Vorfahren zu verdanken, dass die Zentren vieler unserer Städte seit Mitte des 20. Jahrhunderts aussehen, als hätte jemand mehrere Lidls aufeinandergestapelt. Wenn

Sie in Bielefeld vom zentralen Jahnplatz (von Straßen durchzogene Betonwüste mit vier Bäumen) ein Foto machen und dann in der Bildbearbeitung auf »dramatisch warm« drücken, dann sieht das auf wie eine Postkarte von 1960. Und wenn Sie einen Kölner fragen, was er an seiner Stadt so liebenswert findet, kommt immer irgendwas mit Dom oder »die Leute«.

Die Menschen im Ruhrgebiet haben noch nicht mal einen Dom.

Klar. Es gibt dort auch nette Eckchen. Man kann, wenn man will, das Ruhrgebiet schön finden. Aber das muss man von klein auf gelernt haben. Leute aus Freiburg, Erfurt oder Paris hatten dazu nicht die Gelegenheit. Für sie sind Unna, Herne und Bottrop – wenn es hochkommt – Siedlungen mit irgendeiner kohlestaubigen, eisenerzigen Vergangenheit. Stillstehende Fördertürme, Gasometer, in denen man jetzt tauchen kann, altertümliche Stadtbahnen, beklebt mit alten Stadtwerkelogos, Bergbaumuseen, kalte Hochöfen, alle fünf Kilometer eine Fußgängerzone, Samstagabend eine Flasche Rotwein im Vapiano, blau angestrahlte Halden, die jetzt Kulturzentren sind. Dort drüben wird wieder irgendwas blau angestrahlt. Das sind alles Klischees, klar. Aber das Image des Ruhrgebiets ist eben ein bisschen mickrig.

Im Ruhrgebiet wohnen fünf Millionen Menschen in über 50 Städten. Eine Fusion zur gigantischen Ruhrstadt könnte die Wahrnehmung der Region schlagartig verbessern. Ja, es wäre ein Moloch. Aber einer, der sich vorgenommen hat durchzustarten.

In Sachen Zukunftsplanung tut man sich dort bereits zusammen – mit dem Regionalplan Ruhr. Für eine gemeinsame Städteentwicklung. Aber eben nicht für eine *Stadt*entwicklung. Da wird gebremst.

Wenn die Stadtmarketingleute ihre große Idee pitchen, haben sie keine freie Hand:

»Leute, wir wären wer in Europa. Allein touristisch! Wir hätten mehr zu sagen in Deutschland. Wir wären die Größten im Westen.«

»Jaaa, Gunnar, aber wenn wir uns zu einer Stadt zusammentun, was sollen dann die ganzen Bürgermeister machen? Die ganzen schönen Autokennzeichen! Die ganzen Stadtwerke! Wir hätten dann so vieles doppelt.«

»Ja, aber–«

»*Gunnar!* Hier: Kekse?«

Das Ruhrgebiet braucht einen Vordenker wie Wolfgang Schäuble. Hätte der die Bedenkenträger damals allein argumentieren lassen, wäre Bonn heute noch Bundeshauptstadt.

Fusionen sind gefährlich? Kommen Sie mir jetzt bitte nicht mit Karstadt und Kaufhof. Man muss es natürlich gut machen. Beispiel Berlin (jaha, Moment!). Die Stadt ist auch eine dampfende Fusionsküche aus ehemaligen Städten und Dörfern. Ja, Berlin strampelt sich ab. Und Bayern empfinden Häme. Aber Berlin ist imageprägend für Deutschland in der ganzen Welt. Zum Guten.

Lasst die Kölner doch Düsseldorf blöd finden und die Düsseldorfer Köln. Diesen dusseligen Spießerkram hat Ruhrstadt nicht nötig. Ruhrstadt könnte je nach Zählweise das viertgrößte städtische Gebiet der Europäischen Union sein. Nach Paris, Madrid und Berlin, etwa gleichauf mit Barcelona: rau, grau, schrullig, chaotisch, heruntergekommen, leuchtend, motiviert, prollig und mondän. Ruhrstadt als das Berlin des Westens.

Es heißt immer: Die europäischen Nationalstaaten sind künftig nur noch stark, wenn sie in der Welt mit einer Stimme sprechen. Dasselbe Prinzip gilt ja wohl auch fürs Ruhrgebiet.

Zeigt denen im Osten, dass ihr mithalten könnt! Deutschland kann was Neues gut gebrauchen. Und eure Stahl- und Kohledevotionalien könnt ihr ja trotzdem blau anstrahlen.

Unsere Liebe zum Kuhfurz ist gefährlich

Der Kuhfurz. Der Kuhfurz ist Sinnbild für genau das, worum es bei uns gesellschaftlich zurzeit geht. Noch Ende des vergangenen Jahrzehnts hat kaum jemand über den Kuhfurz nachgedacht. Und die, die es doch getan haben, waren entweder Veterinäre oder ein bisschen seltsam.

Heute müssen wir alle in Deutschland über ihn reden. Denn wenn man sich so einen Kuhfurz einmal genauer anschaut, dann erkennen wir sofort: Da ist eine satte Ladung Methan drin. Und Methan ist noch fieser als Kohlendioxid. Also, was die Wettervorhersage angeht. Als Faustformel gilt: Je mehr Kuhfurz, desto weniger Eisbärenfurz.

Gut, es heißt ja immer: Die Probleme in Deutschland sind so vielschichtig, da blickt kein Mensch mehr durch. Deshalb ist es wichtig, dass wir mehr in Parolen kommunizieren.

Der Kuhfurz muss weg.

Wie gelangen wir an dieses Ziel, ohne auf das allmorgendliche Bœuf Stroganoff zum Espresso verzichten zu müssen? Kühe ohne Auslassventil zu züchten, ich sage Ihnen gleich, das können Sie vergessen. Da liegen mir Studien vor. Es funktioniert nicht.

Rindern bei der Zucht nichts mehr zu fressen zu geben, wird von der Mehrheitsmeinung der Wissenschaft ebenfalls abgelehnt.

Was gibt's noch? Hier: Fleisch herstellen ohne Tiere. Es klingt wie ein Fleisch gewordener Traum: Tiere essen, ohne Tiere zu töten, und dabei ganz nebenbei Umwelt und Klima schützen. Ganz gemäß unserer Parole.

Das geht ja langsam los in der Welt. In den USA wurde im Labor erzeugtes Fleisch mittlerweile als Lebensmittel genehmigt. In Washington und San Francisco kann man Fleisch ohne Tierleid in Restaurants bestellen. Singapur macht auch mit. Und jetzt, Achtung, suchen Sie sich bitte festen Halt. Jetzt hat ein deutsches (d-e-u-t-s-c-h-e-s!) Unternehmen das erste Zertifizierungsverfahren in der EU eröffnet.

Sind Sie noch bei Bewusstsein?

Ja, man hat den Eindruck, das soll niemand mitkriegen, weil uns sonst der kulturbedingte kollektive Ekel überwältigt. Fleisch aus dem Reaktor? Nein! Wir wollen unseren Kassleraufschnitt aus echten Schlachthäusern, wo er aus frustrierten Tieren gesägt wird, die gezüchtet wurden in vollgeschissenen Ställen, durchzogen von Parasiten, behandelt mit Medikamenten. Motto: *Rettet den Kuhfurz!*

Aber mal gucken. Noch ist dieses Fleisch aus dem Kessel eher eine Art Matschepampe und taugt vor allem für Nuggets, Frikadellen und Wurst. Noch ist es kein strukturiertes Steak, aus dem beim Aufschneiden so schön der Saft rausläuft. Noch nicht.

Aber es entsteht eben gerade eine ganz neue Branche. Die US-Lebensmittelbehörde hat einem Reaktorfleischhersteller bescheinigt, dass sein Laborprodukt gesundheitlich genauso unbedenklich ist wie das Fleisch von getöteten Tieren.

An alle, die Tiere so ganz süß finden: Das ist ein großer Schritt für mehr Tierwohl. Denn die Zellen, die im Reaktor massenhaft vervielfältigt werden, können dem Stammtier mitunter sogar entnommen werden, ohne es zu töten. Und wenn das so weitergeht, dann werden keine Weideflächen mehr benötigt, für die im Zweifel Wälder gerodet werden müssen. Und auch keine Tierfutteranbauflächen, auf denen bei uns etwa Mais und Rüben wachsen. Das Kuhabgas, es wäre vom Winde verweht.

Aber gehen wir die Sache mal deutsch an und fragen uns als Erstes: Was wäre an diesem Fortschritt schlecht?

1. Wir hören »Reaktor« und denken nicht: zukunftsweisend, innovativ, inspirierend. Sondern wir denken: Tschernobyl. Da haben wir die letzten Atomkraftwerke gerade abgeschaltet, und jetzt sollen wir eine Rolle rückwärts machen wegen des Essens. Nä!
2. Wir hören Laborhähnchen, und Labor, das kennen wir ja wohl von der Blutabnahme. Nä!
3. Und hört uns auf mit diesem traditionslosen Start-up-Quatsch. Diese studierten Hipster haben sie ja wohl nicht mehr alle.

Fleisch, das ist für uns doch mehr als ein Lebensmittel. Fleisch, das ist das Weißwurstfrühstück am heiligen Sonntag, nachdem wir dem Pfarrer zum Abschied persönlich die Hand geschüttelt haben. Das ist der Sauerbraten am Wochenende mit der ganzen Familie.

Selbst in unseren Eierkartons kleben kotverschmierte Federn, da muss Fleisch erst recht aus einem Körper mit schlagendem Herzen stammen. Es muss ein anderes Lebewesen für uns sein Leben gegeben haben. Sonst war es kein richtiges deftiges Essen mit Seele, bei dem man nach der letzten Gabel den Hosenknopf aufmacht und amüsiert in die Runde ruft: »Puuuh, oder? War halt alles so lecker!«

Schwarzwälder Schinken ist doch sogar irgendwas mit Erasco. Nee, UNESCO! Und da soll uns die Fleischpampe glücklich machen?

Antwort: Ja. Wenn wir unsere innere Haltung ändern. Tun wir mal so, als wären wir Chinesen oder Amerikaner, und fragen wir uns einfach zum Spaß: Was wäre denn gut am Neuen?

Es ist natürlich erst mal gut, dass es dann wirklich Fleisch von glücklichen Tieren gäbe. Es gibt ja tatsächlich Leute, die finden, dass es zu wenig ist, ab und zu mal »Aww!« zu einem Katzenvideo zu sagen. Ein großer Massenschlachter hat neulich sein sich drehendes Logo mit den fröhlich feixenden Schlachtviehcomicfiguren abmontiert. Passt eben nicht mehr in die Zeit, in der viele Verbraucher längst wissen, was da los ist. Heimlich gedrehte Videos, die vor Schmerzen schreiende Schweine mit eiternden Geschwüren und blutenden Bisswunden zeigen, die am verschmierten Betonboden im Kot zucken, und Hühner, die mit verpicktem Hintern ihren gerupften Hals ins Kameralicht drehen, passen eben nicht zu: »Heiß und fettig! Die nächsten Würstchen sind so weit. Wer will noch mal, wer hat noch nicht? Heiner, du guckst so hungrig!«

Fleischreaktorbetreibende könnten Betriebsbesichtigungen jederzeit zulassen, um für sich zu werben. Da schreit, zuckt, quickt, eitert und robbt dann niemand mehr, da blitzt und glänzt alles. Und wer sich jetzt fragt: »Was kann an einer solchen Reaktorstraße aus Edelstahlkesseln und Rohren denn appetitlich sein?«, der sollte mal einen Blick in die Hallen eines Großbäckers werfen oder in die einer Pralinenfabrik oder einer Bierbrauerei. Sterile Sauberkeit. Die Fleischindustrie schlösse hygienisch auf. Wäre das nicht eigentlich lecker?

Aber ja, klar. Wir müssten stark sein. Es wäre: *anders*.

Zum Glück müssen wir uns nicht angstvoll im Bett herumwälzen, weil jetzt sofort *alles* anders werden soll. Selbst die Tierbauern können cool bleiben. Es ist noch etwas hin mit dem Laborfleischmassenmarkt. Trotzdem werden sich die Landwirte und Schlachthausbetreiber wegen der neuen Entwicklungen umstellen müssen. Damit nicht am Ende die üblichen Lebensmittelgroßkonzerne davonziehen und den Echttiermarkt ohne die Landwirte und Schlachter aussterben lassen.

Stellen wir uns doch bloß mal vor, wir wären bei einer solch bahnbrechenden Innovation mal wieder die Ersten. Schade, dass Abermillionen Schweine, Rinder, Hühner und Puten, dass all diese begriffsstutzigen putzigen Racker niemals begreifen werden, was da auf uns alle zukommt. Sie würden sich sicher für ihre Nachkommen freuen.

Wir haben den Kindergarten umgepflügt

Es ist bei uns mit der Verwaltungssucht einfach so wie mit dem Bauchfett. Wir wollen es loswerden und tänzeln dann doch wieder direkt beim *Tatort*-Vorspann an die Schublade mit den Schogetten. Ohne den unabdingbaren Willen kriegen wir es nicht besser hin. Wir müssen auf Bürokratiediät.

Beispiel: In der Weltsprache Englisch hat sich das deutsche Wort »Kindergarten« durchgesetzt. Hoi, wie fanden wir das in der fünften Klasse lustig, im Englischunterricht ein deutsches Wort zu lernen. *Kindegahtn.* Hihi. Das konnten wir uns alle sofort merken.

Und während der Rest der Welt also das Wort »Kindergarten« versteht, sagen wir jetzt »Kindertagesstätte«.

Kein Mensch möchte von Gaststätte sprechen (Bar), von Brutstätte (Nest) oder von Grabstätte (Grab). Trotzdem werden unsere Kinder im SUV in eine Stätte kutschiert.

Ja, eigentlich ist die Kita der Überbegriff für alle Betreuungsformen oder steht auch für eine Ganztagsbetreuung. Anders als der Kindergarten. Hä? Ja, in Deutschland wurschtelt da jede Region definitorisch für sich. Googeln Sie mal: *Unterschied Kindergarten Kita.*

Sie werden feststellen: Die Leute sind über Hunderte Suchtreffer hinweg verwirrt. Allein, weil Kita und Kindergarten oft synonym verwendet werden. Weil es vor Ort oftmals schlicht nur eine Kinderbetreuung gibt: keine Krippe, keinen Hort, nur einen Kindergarten. Trotzdem sagen die Leute dann Kita.

Einige scheinen regelrecht Angst zu haben, das Wort »Kindergarten« zu verwenden, weil sie irgendwie herausgehört haben: »Kindergarten« sagt man nicht mehr. Weil Kinder ja kein Gemüse sind oder so. Man gräbt sie ja nicht ein. Wenn doch, wäre das strafbar. Eine Kollegin sagte jüngst: »Kindergarten. Äh. 'tschuldigung. Kita.«

So wie man Schokokuss sagt, sagt man jetzt Kita. Nur dass es im ersten Fall einen guten, im zweiten Fall lediglich einen verwaltungstechnischen Grund gibt. Alles weiterhin Kindergarten zu nennen, egal für welches Alter, egal für welche Betreuungszeiten, ob mit Mittagessen oder nicht – ja, das wäre doch ein Frevel an unserer Bürokratiekultur. Nein, da soll schon auch ein schöner Begriff draufgeknallt werden. Da hat man dann als Bürokrat was Eigenes. Also wurde der alte Begriff »Kindertagesstätte« vom Schreibtisch aus in die Gesellschaft gepeitscht. Was er allerdings genau bedeutet, das müssen Sie dann bitte die jeweils zuständige Behörde vor Ort fragen. Kinder, Kinder!

Anders regelungswütig sieht es aus mit der Arzthelferin. Es ist richtig: Aus mehreren Gründen ist der Begriff unfair. Er stellt den Arzt (und übrigens nicht die Ärztin) in den Vordergrund und lässt die Helferin als Handlangerin wirken. Mit der Reform des Ausbildungsberufes heißt es nun »medizinische Fachangestellte«. Und die bekommt mit dem Begriff »Angestellte« prompt wieder ein Abhängigkeitsverhältnis in den Titel geknallt. Die Vertragsform als Berufsbezeichnung. Nach dieser Logik müssten Fernsehmoderatoren Präsentationshonorarkräfte heißen und Taucher Unterwasserrettungsfachangestellte oder Bergungsehrenamtsträger im flüssigen Gefahrenbereich, Schwerpunkt H_2O.

Und weil »Medizinische Fachangestellte« als Titel so lang ist, wird er nun auch noch abgekürzt: MFA. »Ich bin MFA.«

Och, Leute …

Da gefällt mir der Trend aus der freien Wirtschaft besser, alles zu Managern zu machen, was Guten Morgen sagen kann. Und wer keine Ahnung von irgendwas hat, weil er noch klein ist, kriegt den Titel Junior Manager. Und wer sich mit anderen auf dem Flur einen Praktikanten teilen darf, heißt Senior Manager. Senior Sales Manager zum Beispiel. Ich liebe Anglizismen, wenn sie das Beamtendeutsch in unseren Regelungswerken auslöschen. Wie Fresszellen in unserem Blut die Viren.

Kioske ohne Schanklizenz dürfen den Leuten keinen Flaschenöffner zur Verfügung stellen, weil die durch den Kunden geöffnete Bierflasche den Kiosk zur Schänke macht. Und dann muss diese Flaschenöffnerschänke wahrscheinlich 25 Toiletten anbieten und braucht ein neues Fluchtwegekonzept und muss jeden dritten Sonntag bei Regenwetter zwischen 16 und 17 Uhr wegen einer Sicherheitsbeauftragtenunterweisung schließen. Wegen des Flaschenöffners!

So was muss aufhören. Ich rufe Ihnen zu: Seid wachsam! Achtet auf erste Verwaltungssuchtsymptome. Denn wir alle gemeinsam bereiten den Boden für solche krankhaften Auswüchse. Regelungsbullshit fängt in unserem direkten Umfeld an. Vorschriftengier infolge des zügellosen Drangs, irgendetwas festzuzurren und unbeweglich zu machen. Weil weniger nachzudenken als effizient gilt.

Wahre Geschichte jetzt, Fakten belegt, Betroffener will aber Unternehmen nicht genannt sehen: Da bittet in einem großen deutschen Medienunternehmen ein Mitarbeiter darum, in seinem neuen Büro den Info-Monitor an die Wand schrauben zu lassen. Das Facility-Management (ehemals Hausmeister) beauftragt damit eine Fachfirma, die aber erst in vielen Wochen einen Termin frei hat. In der Zwischenzeit bemerkt der Mitarbeiter, dass der Standort für den Monitor ungünstig gewählt ist, weil auf besagte Wand die Sonne draufknallt, sodass er befürchtet, »die Reflexionen allein würden mir die Netzhaut hinten aus dem Augapfel regelrecht heraus*fräsen*«.

Von dieser Angst angespornt, teilt er dem Facility-Management mit: »Bitte den Monitor nicht montieren. Ich stelle ihn mit dem Standfuß auf das Sideboard vor die andere Wand.«

Zwei Wochen später hängt der Monitor an der falschen, der sonnenbestrahlten Wand. Begründung: Die Fachfirma war beauftragt, dafür fallen unweigerlich Kosten an, also muss die Dienstleistung auch in Anspruch genommen werden. Ergebnis: Zusätzlich zu den Kosten haben sich die Arbeitsbedingungen für den Mitarbeiter verschlechtert. Weil das eben so ist. Regeln fürs Regeln. Nicht fürs Leben.

Wir brauchen mehr Regelsuchtbeauftragte. Wir brauchen den Pranger für Irrsinnsbürokratie. Der Murks muss weg. Der Normenkontrollrat, den es ja schon gibt, muss unsere Lieblingsbehörde werden. Ausgestattet mit Milliarden.

Wir könnten das schaffen. Weil wir gemeinsam nicht noch weiter abschmieren wollen.

Wir lassen uns vom Kundenservice anlügen, wissen es und sagen: »Tja.«

»Leider eine ungewöhnlich hohe Zahl von Kundenanfragen« – jaja. Folgendes: Ein sehr liebes Familienmitglied hat einen sehr unansehnlichen Lockenstab im Badezimmer liegen. Deshalb soll es eine neue Heißluftbürste zum Geburtstag geben. Am Samstag gehe ich also zu Mediamarkt. Mich spricht eine sehr junge (vielleicht 19 Jahre alte) Verkäuferin mit sehr langen Haaren an: »Kann ich Ihnen helfen?«

»Ich suche eine Heißluftbürste.«

»Hier«, sie weist auf ein klobiges, rosafarbenes Gerät mit einer für mein Dafürhalten als Kurzhaarmensch ungewöhnlich großen Bürste: »So eine haben eigentlich alle.«

»Die ist aber ganz schön unhandlich«, sage ich und versuche auszustrahlen, dass ich zwar keine Ahnung habe, aber doch meine eigenen Vorstellungen als kritischer Laie.

»Ja, aber damit kann man total gut sehr schnell viele Haare gleichzeitig trocknen und frisieren.«

»Ja, aber was ist denn mit der hier drüben? Die ist ja viel schmaler und leichter.«

Was wird die Verkäuferin nun wohl sagen?

Sie flötet: »Ja, die ist auch gut. Weil die so schön handlich ist, kann man mit der auch viel besser und schneller frisieren.«

Die Frau war jung, noch neu im Job und dachte wohl: Diesem Kurzhaarmann kann ich eh alles Mögliche über Heißluftbürsten erzählen.

Ich habe ihr das nicht übel genommen. Doch der Serviceeffekt war natürlich null.

Übel nehme ich derartigen Nullservice allerdings Firmen, die vollgestopft sind mit erfahrenen Profis. Die feiern Kommunikationsstrategien als ausgefuchst, die uns Kundinnen und Kunden nur eines entgegenbringen: Verachtung. Ich wüsste ja so gern die Antwort auf die eine Frage, die mich schon so lange umtreibt: Halten die uns für total plemplem?

Ich befürchte: Wir sind selbst schuld.

Ich hole aus.

Was quält uns?

1. Der Klassiker: Lebenszeitverschwendung an der Hotline als unabwendbare Gottesstrafe

»Leider erreichen uns gegenwärtig ungewöhnlich viele Kundenanfragen.« Ja und? Diese Ansage ist vor jedem erdenklichen Hintergrund keine Entschuldigung. Denn:

a. Angenommen, die lügen: Dann sollen wir Kunden schlicht nicht wissen, dass gnadenlos am Kundenservice gespart wird.
b. Angenommen, die sagen die Wahrheit und es rufen wirklich so schrecklich viele Leute an: Dann wird es dafür einen Grund geben, der nicht unvorbereitet kommen kann. Den ersten Weihnachtsfeiertag, die Umstellung auf ein neues Kreditkartenangebot, erhöhte Abokosten, der letzte Poststreik/Lokführerstreik/Fluglotsenstreik/Pilotenstreik/Busfahrerstreik/Flugbegleiterstreik/Amazon-Packerstreik. Also: kein Grund, aus allen Wolken zu fallen.

c. Kommt der Grund tatsächlich völlig überraschend, muss der Kundenservice noch lange nicht unvorbereitet sein. Internetstörung, Störung eines Bezahldienstes nach Softwareupdate, Störungen bei der Bahn nach Unwetter. Man muss auch mit Überraschungen rechnen. In Flugzeugen geht auch niemand von einer Notwasserung aus. Und dennoch liegen Schwimmwesten unterm Sitz (hoffentlich). Da kommt niemand mit »leider, leider«, sondern es wird vorgesorgt. Selbiges im Kundenservice zu unterlassen, ist eine bewusste Entscheidung pro Kundenquälerei.

2. Das Serviceversprechen, das niemand glaubt

Nehmen wir mal einen beliebigen Streamingdienstanbieter. Nehmen wir mal, ähhh: WOW von Sky! Wenn bei denen mal wieder irgendetwas beim Öffnen, Anmelden, Einloggen, Starten, Auswählen der Sprache oder bei Ähnlichem schiefgeht, dann steht auf dem Bildschirm sinngemäß, dass – hupps! – was schiefgegangen ist und dass die sich – Achtung! – darum kümmern.

Ich stelle mir dann am Sonntag um 22:47 Uhr mit der Fernbedienung in der Hand so ein nerdiges Coder-Zimmer vor. Das ist ja das Klischee: Leute, die Ahnung von Computern haben, lüften nicht, lassen die miefigen Socken herumfliegen, haben Poster vom *Weißen Hai* an der Wand, und es türmen sich Pizzaschachteln. Und genau so sitzen die da bei WOW, und dann klingelt um 22:47 Uhr das Telefon, jemand springt auf, und zehn leere 1,5-Liter-Eistee-Pfandflaschen fallen um und machen leise bömbömbeböm:

»Shit. Bei Marcus Werner geht der englische Untertitel nicht rein.«

Der andere: »Hä?«

»Mann! Ich hab gesagt, bei diesem Marcus–«

»Ja! Sehe es hier schon, reg dich ab, Digga!«, rauft sich der andere die über den Ohren schon viel zu lange nicht mehr geschnittenen Haare. »Was machen wir denn jetzt?«

Kaut irre blickend die Nägel: »Kein Plan, Alter. Sag du!«

»Nein, sag du.«

»*Nein, du!*«

Und so weiter. Die halbe Nacht.

Und dann fällt mir wieder ein: In Wahrheit wird nie auch nur ein Mensch einen müden Finger rühren. Da plumpst nicht ein einziger Eistee. Zumindest warte ich bis heute auf WOW-Hinweise zum Ergebnis des damaligen Kümmerns. Oder nein: Ehrlich gesagt, warte ich nicht. Weil das ja wohl eine weitere offensichtliche Servicelüge war. Das Maximale, was ich denen zutraue, ist, dass irgendein Stückchen Statistiksoftware mitzählt, an welcher Stelle das Portal am häufigsten patzt.

Regelrecht sympathisch ist da Amazon, wenn etwas nicht klappt: Die zeigen in ihrer App einfach einen demütig dreinblickenden Hund. Auch wieder Manipulation, dieses Spiel mit den Niedlichkeitsreizen. Aber wenigstens keine Lüge.

3. Chat-Avatare: Hallo sagen können die gut

Ja, es gab Zeiten, da war es ganz, ganz schlimm. Zeiten, als etwa O2 noch Viag Interkom hieß. Und ich an der Hotline zu hören bekam: »Ja, wenn Sie den Vertrag in einem unserer Läden abgeschlossen haben, müssen Sie das vor Ort mit den Leuten klären.«

Heute versuchen es die Firmen mit dem glatten Gegenteil. Keine Läden, noch nicht einmal mehr Leute. Stattdessen Comicfiguren.

Avatare. Chatbots. Weil wir ja so simpel ticken: Sobald unter zwei nebeneinanderplatzierten Punkten eine links und rechts nach oben gebogene Linie erscheint, weckt das in uns schon den Drang, mit dem Gekritzel ein Bier trinken zu gehen.

Auch wenn Chatbots cool frisiert sind oder niedlich gucken: Die Cartoontelefonisten, die einem automatisiert im Chat antworten, können: nichts.

Auf die Frage im Chat eines sehr großen deutschen Autoaboanbieters: »Gibt es das Autoabo auch mit einer monatlichen Fahrleistung von 2000 Kilometern?«, hieß es jüngst schriftlich: »Ich kann Ihre Frage nicht verstehen.«

In aller Regel betet die Chatpuppe mit ihrem dämlichen Headset heutzutage die FAQs in Sprechblasen runter. Und ist deshalb niemals eine Alternative zu einem humanen Telefonanruf. Wo bleibt da die heutzutage intern so hochgejubelte Customer Centricity?

Wirklich gute KI kann mehr, wie wir mittlerweile wissen. Wenn die Chatbots nichts draufhaben, dann liegt es daran, dass die Firmen auf Kosten der Servicequalität ein bisschen Geld sparen wollen. Weil man sich das in Deutschland erlauben kann. Wir denken dann »Scheiße« und finden uns damit ab.

4. Und dann der Ton: »Sie verstehen mich nicht.«

Ich verrate jetzt nicht, um welchen deutschen Sportartikelhersteller es geht, aber da die das dort offenbar mitunter so handhaben, muss es mal gesagt werden: Kunden sind nicht per se dümmer als Callcentermitarbeiter.

Gedächtnisprotokoll: Auf meine Frage, warum der mir vom Hersteller selbst in der App zur Verfügung gestellte Rabattgutschein bei dem von mir ausgewählten Paar Schuhe nicht anwendbar ist, höre ich: »Für diese neuen Schuhe gilt der nicht. Das steht da ja auch bestimmt irgendwo unter den Schuhen.«

»Nein, steht da nicht. Auch nicht unten am Sternchen.«

»Dann müssen Sie die am Onlinegutschein verlinkten Bedingungen lesen.«

»Habe ich« – hatte ich tatsächlich, so mürbe bin ich schon. »Das sind Ihre kompletten AGB. Und da steht nichts von ungültigen Promogutscheinen.«

»Dann lesen Sie mir den Text mal vor.«

»Es sind rund zwölf DIN-A4-Seiten. Und es ist nun einmal schwer vorzulesen, was da *nicht* steht. Ich finde übrigens nicht, dass ich als Kunde zwölf–«

»Sie verstehen mich nicht: Diese Gutscheine sind nicht gültig für neue Schuhe. Das ist immer so.«

Es ging dann noch ein bisschen hin und her. Das Gespräch konzentrierte sich sinngemäß auf die Frage, wie begriffsstutzig ich denn nun wirklich sei, weil ich nicht einfach schluckte, was sich meine Beraterin da gerade zurechtzimmerte und was mehr und mehr den Sound einer prekären 1990er-Jahre-Nachmittagstalkshow im Privatfernsehen annahm. Diese Sendungen, von denen man damals dachte: Was sind das denn für Leute? Spätestens seit Corona wissen wir: So ist Deutschland.

»Sie verstehen mich nicht.« – Wir Kommunikationsberaterfritzen würden sagen: Du-Botschaften mit dem Vorwurf, der andere sei intellektuell überfordert und damit einem selbst nicht gewachsen, sind Magentritte mit Anlauf und gestrecktem Bein auf der Beziehungsebene. Wenn Sie in Ihrem eingespielten Ehealltag zwischendrin Lust haben auf unvorhersehbare Eskalation, dann maßen Sie sich ein paar ungefragt abgefeuerte Du-Botschaften an: »Du bist heute so komisch.« Wenn Sie hingegen Hass und Frust gegenüber kritisch eingestellt sind, dann sagen Sie als Hotlinemensch: »Ich habe mich offenbar unklar ausgedrückt.« Und vermeiden Sie dabei jeden ironischen Unterton.

5. »Ich gebe das gern weiter.« – NEEEEEEIN!

Nehmen wir einen großen Versandhändler. Und angenommen, Sie wollen einen Lautsprecher umtauschen, weil dessen Stoffbezug von fremden Menschenhaaren gespickt ist, es sich also offenbar um ein gebrauchtes Austauschgerät handelt. Es gibt Leute, die sich bei so etwas gelb ekeln. Deshalb meine Initiative: »Gut, ich ruf da an.«

An der Hotline werden erst einmal Bedauern und Verständnis ausgedrückt. Gefolgt von der Mitteilung: »Ich kann nicht entscheiden, ob Sie ein neues Gerät bekommen oder sogar Ihr Geld zurück. Aber ich gebe das gern weiter. Sie bekommen in den kommenden Tagen eine Antwort.«

Ich empfand das mit Blick auf besagte Haare als ungünstig: »Nein, verbinden Sie mich bitte lieber mit denen, die das entscheiden können.«

»Das kann ich leider nicht.«

Leute! Was sind wohl die Top 2 der Kundenbeschwerden? Sammeln wir mal:

1. Bestelltes Produkt nicht pünktlich angekommen.
2. Produkt hat nicht die vereinbarten Eigenschaften.

Wenn die Hotline bei einem von zwei Anliegen nichts machen kann – also ich sag mal: Wenn jedes zweite Brötchen verbrannt wäre, man würde den Bäcker wohl meiden.

Und genau das ist die Lösung: meiden. Wenn Sie an der Hotline das Gefühl haben, die 1990er-Jahre seien zurück, gibt es einen Trick: »Schade, danke, schönen Tag noch.« Klick. Und: Wahlwiederholung. Zack! Da geht garantiert jemand anderes dran. Im Zweifel mit mehr Ahnung, mit mehr Lust und besserer Laune.

In 90 Prozent der Fälle komme ich so weiter, am besten eingeleitet mit den freundlichen Worten: »Ich habe eben schon einmal angerufen, aber irgendwie konnte ich mein Anliegen nicht richtig vermitteln.«

Das motiviert zur Hilfsbereitschaft. Weil der oder die Neue es besser machen möchte. Fürs eigene Ego. Und besser *muss* es in Deutschland mit dem Kundenservice werden.

Schwarz-Rot-Gold an den Weihnachtsbaum?

Wenn wir hierzulande eine Fahne haben, dann ja meistens eine wegen der Zwiebeln im Döner oder vom Bier. Oder weil man sich im Schrebergarten nicht unnötig sozial isolieren möchte.

Könnten Sie sich vorstellen, kleine schwarz-rot-goldene Fähnchen in den Weihnachtsbaum zu hängen? Oder wenn Sie Besuch aus dem Ausland bekommen: Hissen Sie dann die Nationalflagge?

Nur damit Sie wissen, woher ich gedanklich so komme: Der schwedische Teil meiner Familie hängt blau-gelbe Flaggengirlanden an den Weihnachtsbaum. Mein Schwager wiederum hisst in Dänemark zu unseren Ehren im Garten Rot-Weiß, wenn wir aus Deutschland zu Besuch kommen. Als besondere Ehrerbietung.

Mit Schwarz-Rot-Gold hingegen ist es ziemlich schiefgelaufen. Leute anderer Nationen bemitleiden uns da. Denn wie wir es auch anpacken: Es ist immer irgendwie blöd mit unserer Flagge. Und ich beneide die anderen um ihre Gelassenheit. Es ist schon herrlich, wenn der gekränkte Nationalstolz der eigenen Gesellschaft nie zu einem Weltkrieg geführt hat. Und kurz darauf zu einem zweiten.

Hierzulande winden wir uns. Unsere Fahne weht entweder als Symbol für staatliche Institutionen. Und wer will schon Regierungs- oder Verwaltungssymbole als Weihnachtsdeko herumflattern haben? Oder sie weht als Symbol für kleinkarierte Überheblichkeit und die Ausgrenzung durch komplexbeladene Kleingeister. Das passt nicht zu Kaffee und Cupcakes auf der Terrasse, wenn die werte Verwandtschaft anreist.

In Speisekarten auf Mallorca ist die Fahne zu finden. Wenn es heißt: »Spanisch Reis mit Zollbeamten«, »Endstück der schnellen Rasur« und »Misshandelte Kabeljaufilet«, allerdings mit dem Hinweis: »Bitte lassen Sie die tachcen in die faurkarten schalten, danke.«

Bei internationalen Sportveranstaltungen weht Schwarz-Rot-Gold auch. Wenn wir in den Stadien dann Affenlaute hören, wüsste man gern: Kommen die aus den Hälsen derer mit den Flaggen? Man befürchtet: Es gibt da Überschneidungen. Die Guten wiederum hinterlassen ein Flaggenvakuum.

Was tun?

Erster Reflex: Finger weg, die Flagge ist schon versaut. Das ist allerdings so, als würde die Oma beleidigt ihren legendären Apfelkuchen nicht mehr backen wollen, weil es mittlerweile einen von Coppenrath & Wiese gibt.

Man würde die gute Oma doch liebevoll schütteln und rufen: »Oma, Oma, warum? Warum, Oma? *Oma!!*«

»Kind, was ist denn?«

»Oma! Wieso gibst du auf?«

»Wie ›auf‹?«

»Ja, mit dem Kuchen. Wegen Coppenrath. Wieso gibst du wegen Coppenrath auf?«

Und so weiter. Sie kennen das.

Alternative: Oma macht weiter.

Noch eine Metapher mit Lebensmitteln: Wenn das fünfjährige Kind wider besseres Wissen am Frühstückstisch mit dem Nutellabrot herumsaut und die Eltern um Teppich und Tapete bangen und dann einer der Erziehungsberechtigten hinübergreift, sich das angebissene Toast in den eigenen Mund stopft: »Baffta!«

So könnte uns in Zeiten großer Gelassenheit die Flagge egal sein, aber wenn die Symbolik verrutscht und droht, uns mit der Creme nach unten auf die Auslegeware zu fallen, dann sollte die große Mehrheit hinübergreifen.

Neulich habe ich gelesen: Schwarz-Rot-Gold seien die hässlichsten Nationalfarben der Welt. Und in der Tat – auch wenn Gold gerade »modern« ist: Man sieht die Kombi an Modepuppen, Influencern und Hipstern gefühlt seltener als die so populären Nationalfarben Rot, Blau und Weiß.

Aber am Weihnachtsbaum? Gerade da können Briten, Franzosen und Amerikaner doch nicht mithalten. Blau? Sorry. Und der Weihnachtsbaum kommt ja sogar aus Deutschland, heißt es. Haben wir da nicht freie Bahn wegen Urheberecht und so?

Jetzt mal extremely open-minded: Die Farben Rot und Gold offensiv mit ein bisschen Schwarz hinten (so fünf bis zehn schwarze Glitterstreifen Lametta Richtung Wand) sehen an Weihnachtsbäumen doch mindestens genauso feierlich aus wie das schwedische Gelb und Himmelblau …

Wenn Sie fürchten, dass dann jemand im Advent vorbeikommt und fragt: »Was soll das denn, du dreckige Nazisau?« Dann unterbrechen Sie diese unbedachten Anfeindungen, indem Sie irgendetwas Sanftstimmiges raunen wie: »Ey, zügele deine Zunge, mein ungestümer Freund, das ist doch gerade der Gag. Weil ich gerade *kein* Nazi bin, hole ich die Fahne von den Nazis zurück. So wie Oma die Torte von Coppenrath & Wiese.«

Dann servieren Sie schnell Stollen und erzählen von Ihren Gedanken.

Ach, was weiß ich. Ich gönne den Ausgrenzern einfach nicht die exklusive private Nutzung unseres Gemeinschaftsymbols. Es uns peinlich sein zu lassen und auf die EU-Flagge einerseits zu verweisen und auf die Farben des örtlichen Tennisvereins andererseits, ach, das wäre als weltenbürgerlicher Regionalstolz getarntes Schwanzeinziehen.

Wie, Sie haben keinen Weihnachtsbaum zur Hand? Ja, dann gibt es leider keine Lösung.

Homöopathie auf Staatskosten: Und wir diskutieren das noch!

Es reicht ja, wenn jemand nur lange genug behauptet, ein bestimmtes Präparat mache gesund, denn dann ist es irgendwann Tradition, und dann zahlt's die Kasse. So kommt es einem vor.

Etwa diese kleine Zuckerkügelchen. Nein, eben nicht die billigen Liebesperlen aus den Nuckelfläschchen vom Rummel. Die Rede ist von den teuren, langweilig verpackten Zuckerperlen ohne Farbe aus der Apotheke. Homöopathische Globuli.

Zunächst einmal müssen wir mit dem Vorurteil aufräumen, dass diese Globuli-Zuckerperlen keinen bewiesenen gesundheitlichen Effekt hätten. Regelmäßig eingenommen, fördern sie schließlich Karies. Dass die Apotheken das Zuckerzeug trotzdem verkaufen, wundert mich nicht. Wir müssen alle gucken, wo wir bleiben. Aral verkauft schließlich auch rohe Eier. Aber dass einige Krankenkassen diese Zuckerperlen bezahlt haben, das ist ein starkes Stück. Ob es mittlerweile verboten ist, wissen Sie vermutlich besser als ich hier gerade. Aber dass wir das überhaupt diskutieren müssen!

Wir haben es bei diesem Thema wieder mit einer dieser typischen Deutschdusseligkeiten zu tun: Homöopathische Behandlungen sind zwar keine vorgeschriebene Krankenkassenleistung. So doof sind wir nun auch wieder nicht. Einige Krankenkassen wollen Homöopathie aber trotzdem bezahlen. Freiwillig. Von unserem Geld! Und wir haben das mitgemacht. So doof waren wir bislang dann eben schon.

Und jetzt kommt's. Da will der Bundesgesundheitsminister diesen Umstand verbieten und kriegt noch zu hören: Das sei eine Nebelkerze. Er wolle ablenken. *Bitte was?* Da will jemand in einer der schwersten Haushaltskrisen 20 bis 50 Millionen Euro sparen – und man knallt ihm die Idee um die Ohren.

Also, jetzt mal Folgendes und von Karies abgesehen: Es ist nicht belegt, dass Homöopathie wirkt. Und wäre das in hoch entwickelten Gesellschaften nicht eine einprägsame Faustformel: Krankenkassen zahlen nur, was nachweislich gesundheitlich positiv wirkt?

In Deutschland können Politiker jedoch Dinge sagen wie: »Die Debatte braucht es gerade wirklich nicht. Viele Menschen vertrauen der Homöopathie, weil sie offensichtlich gute Erfahrungen damit machen.« Das hat der Gesundheitsminister von Baden-Württemberg gesagt, Manfred Lucha von den Grünen. Und bekommt Zustimmung. Es braucht demnach also keine Debatte darüber, ob Politik nur solche Maßnahmen ergreifen soll, die wissenschaftlich belegt wirken. Anders gesagt: Es ist egal, ob Politik Sinn ergibt oder nicht.

Sagt ein Minister! Nur weil der seine noch verbliebene Stammwählerschaft nach dem Debakel mit dem sogenannten Bundesheizungsrausreißgesetz nicht auch noch verprellen will. Es reicht unter solchen Umständen in Deutschland, wenn Laien finden, dass sie irgendwie unbelegte gute Erfahrung gemacht haben, und schon fliegen die Millionen. Was, wenn mehrere Leute andere gute Erfahrungen gemacht haben? Es gibt Menschen, die schwören auf warmes Bier bei Erkältung? Also Freibier gegen Husten und Schnupfen auf Kosten der Kassen?

Einige Kassen geben unumwunden zu: Homöopathie sei beliebt und liege im Trend. Und dass ihnen keine Belege für eine Wirksamkeit vorlägen.

Krankenkassen, die sich nicht zu blöd sind, etwas zu bezahlen, was sie selbst für Humbug halten – dass das nicht gut für uns ist, ist doch klar. Also weg damit!

Wobei: Für möglich gehalten wird bei diesen Globuli immerhin der Placeboeffekt. So wie sich Leute fit und aufgekratzt fühlen, wenn sie Kaffee getrunken haben, ohne zu wissen, dass der koffeinfrei war. So gesehen: Ist doch egal, warum es wirkt, wenn es wirkt.

Ja, das stimmt natürlich. Aber im Land der Erfinder (nicht lachen, das kann wieder werden) könnten wir dann doch besser etwas zum Heilmittel erklären, das keine Kosten verursacht! Und hier kommt der Mond ins Spiel: eine gigantische Ressource, die dauernd um uns herumfliegt, ohne dass es groß was bringt, außer dieses ewige Hin und Her der Gezeiten und dass Igel nachts besser gucken können. Die Sonne, ja die Sonne hat sich als Autorität im Gesundheitsbereich etabliert, aber der Mond?

Definieren wir es einfach so:

Der Mond – die zahnfreundliche Alternative zu den Globuli. Überdosierung höchstens bei Vollmond für Schwangere möglich.

Das müsste ein grüner Gesundheitsminister in Baden-Württemberg den Impfgegnern und den Zuckerkugelnaschkatzen doch vermitteln können. Denn ein Fakt steht felsenfest: Die Wirksamkeit des Mondscheins ist in gleichem Maße erwiesen wie die der Homöopathie.

In Inflationszeiten ist das unschlagbar!

Das Ladenschlussgesetz: Irgendwas mit am 7. Tage ruhen

Wir leben in einem Land, in dem Lieferanten am Sonntag Pizza liefern dürfen, aber nicht Weizenmehl, Hefe, Tomaten und Käse getrennt. Es muss also am sehr heiligen Sonntag gearbeitet werden (gebacken), damit geliefert werden darf. Weil das eine zur Gastronomie gehört, das andere zum Lebensmitteleinzelhandel. Und gehandelt werden soll ja nicht. Weil: Für Verkäuferinnen und Verkäufer gilt noch die analoge Welt. Eine, die den Onlinehandel verdammt, aber ihm nicht trotzen will. Shoppen gehört zu einer der beliebtesten Sonntagsbeschäftigungen. Wegen Tradition und so allerdings nur online.

»Wieso sind denn bei euch in Deutschland am Sonntag die Geschäfte zu?«

Wohin soll man als Deutscher bei so einer Frage mit seinen Blicken?

Ladenschluss. Eine Idee aus Zeiten, in denen Katholiken und Protestanten in Deutschland noch in der Mehrheit waren: Ruhen am siebten Tag. *Ladenschluss.* Wie das schon klingt. Verquarzt wie: »Stopp dem Fußpilz.«

Der Ladenschluss ist ein Shoppingverbot. Es gibt Leute, die finden den Ladenschluss am Sonntag toll. »Weil dann die Innenstädte so schön ruhig sind.« Was freilich daran liegt, dass sich kaum jemand für die Innenstädte interessiert, wenn die Läden zu sind. So wie die ruhigste Reisezeit im ICE die Tage sind, an denen die Bahn streikt.

Diese Ruhefans haben es gut. Der Trend zur aussterbenden deutschen Fußgängerzone spielt ihnen in die Karten. Bald ist es auch wochentags schön ruhig.

Oft sind diese Ruhefans nach meiner Erfahrung allerdings genau jene Leute, die auch von Montag bis Samstag gern gemütlich bummeln gehen, weswegen sie den Onlinehandel blöd finden, der wiederum sonntags triumphiert, worunter der stationäre Einzelhandel so leidet, dass er irgendwann eingeht. Dann säuselt auch Mo–Sa in der Fußgängerzone nur doch der Wind über den Waschbeton.

Neulich hat einer im Freundeskreis gesagt: »Die armen Verkäuferinnen und Verkäufer. Wenn die sonntags arbeiten müssen. Familie geht vor.«

Eigentlich hatte ich schon eingeatmet, um zu sagen: »Sonntagsarbeit muss eben entsprechend bezahlt und ausgeglichen werden.« Aber dann sagte ich: »Schönen Gruß von den Flugbegleitern, Cocktailmixern, der Security im Museum, den Kioskbetreibern, Lokführerinnen, Radiomoderatoren, Polizistinnen, Busfahrern, DJs, Straßenbahnfahrerinnen, Pflegern, Kellnerinnen, Callcenterangestellten, Zeitungsredakteurinnen, Feuerwehrleuten, Rezeptionisten im Hotel, Krankenwagenfahrern, Schwimmmeistern, den Leuten im Tankstellenservice, Masseuren, Pilotinnen, Touristenführern, Köchinnen, Zugchefs, Bäckereiverkäuferinnen, Kapitänen, Fernsehmoderatorinnen, Theaterschauspielern, Sängerinnen, der Achterbahnaufsicht im Freizeitpark, dem Restaurantservice im ICE, dem Winterdienst auf dem Rollfeld, dem U-Bahn-Reinigungspersonal, den Kreuzfahrtschiffanimateuren, den Symphonikerinnen, dem Bodenpersonal am Flughafen-Check-in, den Blumenhändlern, den Kassierern bei McDonald's und Tierpflegerinnen im Zoo.«

Die arbeiten ja alle. Ist uns da was durchgegangen? Haben wir da aus Versehen Bürokratie abgebaut? Wir sollen doch am siebten Tage ruhen, verdammt noch mal! Und jetzt haben bei uns die Kneipen auf!

Es heißt: Alkoholkonsum ist Kultur. Einkaufen hingegen ist Konsumterror. Sich mit Bier und Korn den Frust wegzusaufen, das hat Tradition. Da stellen wir die Angestellten in den Zigarettenrauch, nennen es Klub und feiern die Freiheit. Aber dieses Habenwollen, Habenwollen: Gott, wie primitiv. Kapieren das unsere liberalen EU-Nachbarn nicht?

An den Gesichtern am Tisch habe ich sofort gemerkt: Familien, die am Sonntag gern gemeinsam in die Stadt wollen, die sollen gefälligst in die Oper gehen. Diese Shoppingterroristen!

Wer nicht gern am Strand spazieren geht, hätte wohl auch nichts dagegen, die Küsten würden sonntags gesperrt. Gegen den Spazierwahn! Wer sich im Kunstmuseum langweilt, plädiert vielleicht für gesetzlich vorgeschriebene Öffnungszeiten von Dienstag, 23 Uhr, bis Mittwoch, 0 Uhr. Stopp dem Skulpturenüberdruss!

Dieser Logik folgt auch der Ladenschluss.

Und so leben wir in einem Land, in dem in Flughafensupermärkten Brennspiritus verkauft wird. Weil das in einigen Regionen der einzige Supermarkt ist, der am Sonntag geöffnet hat, wenn die Leute grillen wollen, es ohne Spiritus aber nicht hinbekommen. Die fahren dann zig Kilometer weg von ihrem Häuschen im Grünen zum Shoppen im Flughafen.

»Tja, selbst schuld, wer den Spiritus nicht am Samstag besorgt.« So gesehen, können wir ja auch die Unfallambulanz am Sonntag schließen: selbst schuld, wer nicht aufpasst und sich sonntags die Hand bricht. Fände ich allerdings blöd.

Immer dann, wenn ein Gesetz absurd zurechtgeknorzt werden muss, um es zumutbar zu halten, wenn so albern getrickst werden muss (Spiritus als »Reisebedarf« am Flughafen oder ein paar Cafëstühlchen in der Bäckerei, weil der Laden nur bestuhlt ein Gastronomiebetrieb ist und damit sonntags länger als ein paar Stunden öffnen darf), dann ist das ein Alarmzeichen dafür, dass die Regel ein Stuss ist.

Wir haben es ja mal hinbekommen, parallel zum Rauchverbot in der Gastro Raucherklubs mit Mitgliedschaftsregister einzuführen. Nur um den Gesundheitsschutz zu umgehen. Zu so einem Land passt es auch, wenn explosiver Brennstoff ein paar Meter neben der Flughafensicherheitskontrolle verkauft wird.

Die Frage ist nur: Kommen wir so in die Zukunft? Das Sonntagsshoppingverbot passt zwar zu unserem Lieblingssatz: »Das war schon immer so.« Andererseits gibt es heute das Internet. Typisch wäre nun ein deutsches Sonntagsonlineshoppingverbot. Daran hindert uns allerdings wohl das freie Europa.

Und so kommen wir wohl nicht umher, Shopping zum Sonntagsevent zu machen. Um den Einzelhandel zu stärken. Und für weniger Sonntag-ist-Ruhetag-Leitkultur-Gängelung. Das neue Einkaufen nach der Warenhausära! Für all die, die keine Karten mehr für die Oper bekommen und die Kirche verschlafen haben.

Der kurze Dienstweg ist jetzt lang: »Erst ein Ticket aufmachen!«

»Noch ein Ticket, und ich kündige!« Die Idee, jedem Kunden- und Kollegenanliegen ein Ticket zuzuteilen, ist ja superpraktisch. Aber das deutsche »Wenn, dann immer« kriegt die besten Verwaltungsideen kaputt.

Ganz, ganz früher, da bedeutete »ein Ticket aufmachen«, dass man sicherheitshalber vor dem Aufbruch ins Theater den Brief mit den Logenkarten öffnete, um zu gucken, ob die Buchungshotline am Telefon auch wirklich alles richtig verstanden hatte.

Mir persönlich ist dieses »Ticket aufmachen« vor Jahren zum ersten Mal im Gespräch mit Callcentern begegnet. Amazon, TUI, Vodafone, Otto, der REWE-Lieferservice, selbst Mittelständer machen heute längst Servicetickets auf. Das Onlinebusiness macht es möglich und nötig. Die Kunden kommen halt nicht mehr mit einem Zettel rein.

Wenn ich nicht irre, stammt das Ticketsystem – wie so vieles Gute im Bereich Prozessmanagement – aus der IT. Wie können unterschiedliche Anforderungen vonseiten der Kunden innerhalb eines Projekts oder einer Aufgabe so gebündelt werden, dass alle daran arbeitenden Dienstleister den Überblick behalten, ohne einzeln durchzudrehen? Antwort: Man eröffnet eine virtuelle Miniakte mit dem betreffenden Vorgang, auf die alle Eingebundenen Zugriff haben. Das Ticket. Das sorgt für die nötige Transparenz. Die Welt wird wieder ein bisschen einfacher.

Und jetzt wir. Was haben wir mittlerweile aus dieser guten Idee gemacht? Ich kenne das Ticket mittlerweile auch als Prozessaufbläh- und Arbeitsvermeidungstool. Wenn diejenigen mit dem Anliegen nämlich einfach keinen Bock auf den Ticketaufwand haben und stattdessen abwinken und resignieren. Etwa Kolleginnen und Kollegen, die bei typischen internen Serviceabteilungen wie Gebäudemanagement und IT-Service ihres Unternehmens um Hilfe bitten. Ganz oft hat das auch wirklich Sinn. Selbst wenn einzelne Beteiligte im Urlaub sind, gibt es kein Problem; alle relevanten Infos sind ja vorab im Ticket hinterlegt.

Aber wenn es etwas zu verwalten gibt, dann lieben wir Deutschen den Exzess. Die folgenden Beispiele entstammen der Wirklichkeit.

Ticket 1: Realität überholt Ticket

Anruf bei der IT-Abteilung: »Mein Firmenpasswort ist abgelaufen. Ich komme nicht mehr ins System. Können Sie mir helfen?«

Der Servicekollege bittet um eine interne Nachricht per Fax (E-Mail geht ja mangels Passwort nicht, was die Existenz des verdammten Faxgeräts tatsächlich rechtfertigt, herrje!) samt Unterschrift, um zu belegen, dass der Kollege, der um ein neues Passwort bittet, auch wirklich echt ist. Danach wird umgehend ein neues Einmalpasswort erteilt. Nach rund einer Stunde ist alles erledigt.

Als der erlöste Kollege gut gelaunt seinen E-Mail-Account öffnet, erreichen ihn in den folgenden Minuten nacheinander zwei E-Mails:

Betreff 1: »Ticket eröffnet: Erteilung Einmalpasswort«
Betreff 2: »Ticket geschlossen: Erteilung Einmalpasswort«

Der IT-Kollege musste noch nachträglich ein Ticket auf- und zumachen. Das ist so, als würde man an der grünen Fußgängerampel trotzdem noch schnell drücken müssen, weil Nichtdrücker überfahren werden dürfen.

Ticket 2: Ticketresignation

Früher reichte ein kurzes »Der scheiß höhenverstellbare Schreibtisch ist schon wieder kaputt« am Telefon. Heute wird hierfür die Verwaltungsmaschine angeschmissen.

Konkreter Fall: Wegen des Tischs zieht der betroffene Computerarbeitsplatzbeschäftigte in ein anderes Büro. Ein schöneres. Der PC zieht mit. Einige Wochen später ist der Schreibtisch repariert.

Der betroffene Kollege wird gebeten: »Kannst du bitte wieder zurück in dein altes Büro wechseln?«

»Von mir aus. Aber der PC steht ja noch im Ausweichraum. Kann der Kollege von der IT das Ding wieder drüben anschließen?«

Antwort: »Bitte ein Ticket eröffnen.«

Das ist das Prinzip Steuererklärung mit folgendem Nachzahlungsbescheid: Aufwand betreiben, um sich einen Nachteil zu organisieren.

»Ihr wollt doch, dass ich in das blöde Büro zurückziehe. Dann bleibe ich einfach im schöneren Ausweichbüro.«

Da sollen Leute Tickets eröffnen für Prozesse, die sie einen feuchten Kehricht interessieren. Und die dann denken, was man hierzulande in solchen Situationen denkt: »Ich glaube, mein Hamster bohnert beziehungsweise mein Schwein pfeift.«

So werden Verbesserungsvorschläge und Problemmeldungen abgewürgt: »Du, Lutz, im Aufenthaltsraum kommt Wasser durch die Decke.«

»Ja? Dann mach bitte ein Renovierungsticket auf.«
»Ach, vergiss es, nicht so wichtig.«

Ticket 3: Prozessgewiggel zur Arbeitsvermeidung

Beispiel: Seit Wochen steht wegen eines Umbaus die große, schön gewachsene Büropalme in ihrem schweren Topf im Flur. Wichtig zu wissen: ohne Fenster. Was für die meisten Pflanzen über kurz oder lang dasselbe bedeutet wie für uns Menschen der Sprung aus dem 14. Stock auf eine sechsspurige Straße.

Ein Mitarbeiter aus dem Großraumbüro bittet den Hausmeister per Mail: »Können Sie den Topf nicht wieder ins Licht schieben?«

Antwort: »Bitte ein Ticket eröffnen.«

Haben Sie schon einmal ein Palme-ins-Licht-Ticket eröffnet?

Ergebnis: Das Büroteam hat sich zusammengetan und die Pflanze selbst verschoben.

Letztendlich ließe sich jede Bitte um einen Kugelschreiber, jedes »Lust aufn Kaffee?« in einen Prozess mit Ticket ummünzen. Wo soll das enden? Verwaltung ist nichts Böses. Wir müssen sie nicht krampfhaft verdeutschulieren.

Es soll Fälle geben, da haben Menschen miteinander regelrecht *gesprochen*. Und schwupp, war das Ticket geschlossen, bevor je eines eröffnet worden war.

Pfandregelung ohne Bürokratie: Und schon wieder wird's irre im ICE

Sie kennen ja bestimmt die Regel: Die Gastronomie muss To-go-Geschirr auch in der Mehrwegvariante ausgeben. Das hat natürlich wieder dazu geführt, dass die Betreiber der Gaststätten das System so kompliziert organisiert haben, dass kaum ein Kunde sagt: »Mehrwegbecher bitte.« (Was die Gastro freut, Einwegmüll bedeutet weniger Aufwand. Den entsorgt dann die Stadtreinigung mit Steuergeldern.)

Teilweise muss man das Mehrweg-to-go-Geschirr dann genau dort wieder abgeben, wo man es gekauft hat, und teilweise muss man sich dafür eine App herunterladen und einen Account eröffnen (um ein Stück Hartplastik loszuwerden!). Also klar: Doll ist es nicht. Eines aber haben praktisch alle Systeme gemein: Es wird ein Pfand für das Mehrweggeschirr fällig. Sonst ginge es wohl für immer flöten.

Jetzt aber kommt das Geilste. Ausgerechnet die Deutsche Bahn zeigt uns bei diesem Thema ganz entspannt die zuckende Achsel. Da hat man doch manchmal den Eindruck, die drehen die Wagenreihung *extra* um, um eine Durchsage machen zu können. Die verstopfen die Toiletten *extra* mit Putzlappen, um diese gelben Behördenzettel mit rotem Querbalken (wie bei einem Gefahrentransport auf der Autobahn) an die Türen hängen zu dürfen. Die tauschen die Zugtypen *extra* aus, um die Erstattungsansprüche für die verloren gegangenen

Reservierungen durchzuverwalten. Und beim Mehrwegpfand sagen sie: »Komm, egal.«

Angefangen hat es damit, dass der Bund als Eigentümer darauf verzichtet hat, die Bahn vom To-go-Mehrweg auszunehmen. Hätte man ja machen können: »Ausgenommen sind: rollende Gastronomiebetriebe auf der Schiene.«

Aber das gibt es nicht. Keine Sonderregelung. Einfach alles glatt gestrichen. Und diese schier ungeheuerliche Leichtfüßigkeit hat Konsequenzen: Wollte die Deutsche Bahn beim Mehrweg-to-go-Pfand-System mitmachen, hätte sie neben den Einwegpappbechern und dem Geschirr aus Keramik noch eine dritte Linie aufmachen müssen: die Plastikmehrweglinie mit Pfand. Doch dafür ist in einer so kleinen Bordküche kein Platz. Und für das Pfand-abhol-Gerenne durch die Wagen auch nicht: »Lassen Sie mich durch, weg, *weg hab ich gesagt!* Sorry, aber ich hab Pfand und muss in Bielefeld raus!«

Und jetzt suchen Sie sich bitte festen Halt. Was macht die Bahn? Sie definiert ihr Porzellangeschirr als Mehrweg-to-go-Geschirr und verzichtet auf das Pfand. Noch mal: Porzellan to go ohne Pfand.

Lassen Sie es mal sacken. Gölte die Mehrwegregel, bedeutete dies: Man darf das To-go-Geschirr aus Porzellan behalten.

Und tatsächlich hat die Bahn auf ihrer Mehrweg-Geschirr-Infoseite online aufgeschrieben: freie Wahl zwischen Einweg und Porzellanmehrweg.

Da steht:

> *»Sie können folgendes Geschirr als Mehrwegoption nutzen: Heißgetränke-Becher in den drei verschiedenen Größen (S, M, L), Deckel für Heißgetränke-Becher, Schüsseln oder Teller für Hauptgerichte, Teller für Snacks, Gläser für Bier, Wein oder Softdrinks, Besteck.«*

Und dann:

> *»Darf ich das Mehrweggeschirr auch außerhalb der Züge nutzen? Ja, falls Sie mit dem Verzehr nicht fertig geworden sind, können Sie ggf. Ihr Getränk/Ihre Speise auch mitnehmen.«*

Bäng! Das ist doch, das ist doch … ist das nicht der Hammer? Ein bisschen viel holpriges »falls« und »gegebenenfalls«, aber trotzdem. Und dann fängt die Bahn an, sich auf charmante Art rhetorisch zu winden:

> *»Alternativ können Sie das Mehrweggeschirr in einer DB Lounge am Bahnhof zurückgeben oder auch gerne auf Ihrer nächsten Fahrt im Bordbistro abgeben.«*

Alternativ. Wozu? Es liest sich, als hätte dort ursprünglich noch der Satz vorangestanden: »Sie dürfen das Geschirr dann gerne behalten«, der aber gestrichen wurde, um uns Fahrgäste nicht allzu fest mit der Nase darauf zu stoßen: Sie können das Porzellan zu Hause im Küchenschrank lassen! Auf meine Frage, was denn wäre, wenn die Gäste das Geschirr nicht zurückbringen, bestätigt auch eine Pressesprecherin der DB: Das Geschirr »kann« zurückgegeben werden. Heißt also: muss nicht.

Bei den schlichten, modernen weißen Tassen etwa handelt es sich immerhin um die Kollektion »Enjoy« der Marke Bauscher Germany. In deren Shop kosten die Tassen pro Stück je nach Größe bis zu 10 Euro. Die Bahn dürfte ordentlichen Mengenrabatt bekommen, aber für uns private Endverbraucher ist das mal eine Bahngelassenheit mit Happy End. Und die nach oben leicht konisch zulaufenden Ritzenhoff-Wein-und-Sektgläser wären ein Hingucker auf jedem Osterbrunch.

Pfandfreies Porzellangeschirr samt Besteck und Gläsern, das Sie nach der Reise mitnehmen dürfen – nennen Sie mir bitte eine Autobahnraststätte oder eine Airline, die da mithalten kann.

Dass die Leute das Geschirr behalten, komme nur ganz selten vor, schreibt mir die Deutsche Bahn. Ist das nicht herrlich? Wer es wagt, in Deutschland eine unkomplizierte Regelung zu treffen, der kommt damit unbeschadet durch. Weil kein Mensch damit rechnet, dass so etwas im Rahmen des Möglichen, geschweige denn Aussprechbaren liegt.

Die Bahn haut am Bistrofenster das Porzellan an die Fahrgäste raus. Das darf sich nur nicht herumsprechen. Sonst herrscht bald Tassenknappheit. Und dann heißt es wieder: »Siehste, war zu unkompliziert«, und dann wird das Ganze schnell wieder rückgängig gemacht.

Hörzu & TV Spielfilm: Wir gucken noch Fernsehen wie zu *Dalli-Dalli*-Zeiten

Es gibt immer noch Abermillionen von Fernsehzeitschriften – weil die Deutschen die kaufen. Sie durchzublättern, fühlt sich an, als würde man an einen Freitagnachmittag nach der Schule ins 20. Jahrhundert zurückversetzt. Es gibt sie bis heute: Leute, die in ihrer druckfrischen Fernsehzeitschrift mit dem Textmarker anstreichen, was sie übernächste Woche gucken wollen.

Also, wenn irgendetwas das Prädikat »diese Almanns« verdient, dann ja wohl das. Da kann ich mir richtig vorstellen, wie bescheuert das Menschen aus anderen Kulturkreisen finden.

Ich bin hin- und hergerissen. Die neongelben Streifen in den Programmspalten zeigen: Hier will jemand ganz gezielt konsumieren. Und »ganz gezielt« – das ist ja ohnehin unser Ding.

»Dieser Egoist! Parkt immer auf dem besten Parkplatz. Ich habe ihn dann mal *ganz gezielt* darauf angesprochen.«

»Diese Blähungen. Ich habe dann *ganz gezielt* meine Ernährung umgestellt.«

Wir Deutschen handeln nicht – wir handeln ganz gezielt. Man stelle sich vor, Sie stellen Ihre Ernährung um, die Blähungen gehen weg, und dann fragt jemand: »Hattest du denn ganz gezielt umgestellt?«

Und dann sagen Sie: »Na ja, ich esse jetzt weniger Rettich.«

»Ja, aber *ganz gezielt*, oder …?«

»Was heißt ganz gezielt? Ich wollte halt–«

»HERRJE! GANZ GEZIELT ODER NICHT?«

Wer in Fernsehzeitschriften mit dem Textmarker nicht ganz gezielt vorgeht, der kritzelt nur. Wir Deutschen markieren aber ganz gezielt. Das ist wichtig, falls es Konflikte ums Programm gibt. Denn im linearen Fernsehen gibt es keine Kompromisse. Entweder das eine oder das andere.

Er ruft vom Wohnzimmersessel in den Wintergarten: »Steffi, ich sehe gerade, du hast hier *Maischberger* angestrichen.«

»Ja, und?«

»Ganz gezielt?«

Sie lacht spöttisch: »Ja, natürlich, Matthias! Für wen hältst du mich?«

»Ich wollte zur gleichen Zeit einen *Tatort* im WDR sehen.«

»Ja, wie gesagt: war ganz gezielt.«

Andererseits: Was, wenn Sie sich nach der Markierung umentscheiden? Wenn Sie dann kein neues Heft kaufen wollen, müssen Sie stoisch im Fernsehen angucken, was Ihnen nicht mehr behagt. Sonst verlieren Sie das Gesicht.

Leute, die ihr Programm anstreichen, haben meist die *Hörzu*. Ist so. Die *Hörzu* war ja eine Weile die It-Zeitschrift für Leute, die beim Thema Fernsehen auf sich achten. Die gehörte auf jede Häkeldecke auf dem Couchtisch. Den jeweiligen Tag schon vormittags aufgeschlagen (obwohl das Programm damals ja erst nachmittags losging). Links ARD, rechts ZDF, in der Mitte unten das jeweilige Dritte. Sonst nichts.

Ich erinnere mich an einen furchtbar langweiligen Nachmittag nach der Vorschule. Meine Mama war zum Kaffee bei irgendeiner Frau eingeladen, ich war ihr +1, und nachdem ich mein Stück Tortenboden mit Dosenpfirsichen, Rindergelatinetopping und gezuckerter Schlagsahne reingestopft hatte, war ich eigentlich aufbruchbereit. Aber die Damen hatten noch etwas aus meiner Sicht als fünfjähriger Mann sehr Unwichtiges zu beschnacken.

Also legte ich mich auf den Teppichboden, zupfte mir die *Hörzu* vom TV-Bänkchen und blätterte sie durch. Ein nennenswertes Kinderprogramm, das ich hätte markieren können, gab es in Vor-Kika-und-Super-RTL-Zeiten zwar nicht. Trotzdem rief ich: »Mama, kann ich einen Stift?«, und die andere Frau brachte mir einen, und dann machte ich: das Rätsel namens *Original & Fälschung*. Damit war ich sehr, sehr lange beschäftigt. Sie kennen das Ding? Unter dem Abdruck eines berühmten Gemäldes wird eine Fälschung dargestellt, in der angeblich zehn Unterschiede zum Original eingebaut wurden. Wobei ich als Kind der Meinung war, es seien immer nur so fünf bis sechs. Die Sache war Betrug.

Die *Hörzu* war mal der Kompass auf dem Instrumentenbord Couchtisch. Neben der halb ausgepulten Packung Toffifee zu *Dalli Dalli*. Hinter der Doppelseite mit den drei Programmen kam in Schwarz-Weiß auf so einem rauen grauen Papier das Radioprogramm. Ich kannte einen einzigen Menschen auf der Welt, der diese Seiten gelesen hat, und das war meine Oma.

Und jetzt kommt's: Noch heute liefert die *Hörzu* »Radio aktuell« als Beilage. Noch so rau wie damals. Ein Radioprogrammheft aus Papier. Da werden Bäume gefällt für Radioprogrammtabellen. Gestatten Sie mir die folgende Theatralik: Muss erst das Radio sterben, damit Bäume leben können?

Papiertabellen. Was sagt uns das? Den Verlagen gelingt es nicht, die Leserinnen und Leser ins Digitale zu führen. Wir sind zu verpooft.

Das gilt nicht nur für TV-Zeitschriften. Die ganze Printbranche rudert. Sagen wir mal so: Wenn wir unseren Blattmachern einen Gefallen tun wollen, dann steigen wir um auf digital. Dafür müssen wir: *dem Neuen eine Chance geben*. Für den guten Zweck. Die Sache mit dem Buchdruck war eine saugeile Idee von Gutenberg. Aber wie klingt das denn: »Druckerpressen anwerfen«? Wie »Dampflock befeuern«. Oder »das Fräulein vom Amt«.

Aber Geld für digitale Inhalte zu bezahlen, das kommt vielen von uns komisch vor. Weil: »Ich gebe doch kein Geld für Internetzeug aus.« Weil wir es anders kennen. So wie wenn Deutsche in Österreich essen gehen: »Ich gebe doch kein Geld fürs Besteck aus. Soll ich mit den Fingern fressen?«

Sagen wir mal so: Die *Hörzu* kostet digital im Jahresabo weniger als die Hälfte des Papierabos. Und selbst in der App können Sie sich Ihre Lieblingssendungen *markieren*.

»Ja, toll, und was, wenn mal drei Tage am Stück Stromausfall ist? Wegen Putin und Klima und so?«

Keine Sorge. Dann kommt auch nichts Gutes mehr im Fernsehen.

Jetzt brauchen wir nur noch eine Lösung dafür, was wir uns in die Schuhe stopfen, wenn wir auf dem Weg nach Hause in den Regen geraten sind.

Lottozahlen sind bei uns Nachrichten ohne Gewähr

Höre ich »Lottozahlen«, habe ich Gundula Gause vor Augen. Glücksspielspaß in den Nachrichten. Sind Sie auch schon darauf hereingefallen? Wenn Gundula Gause die Lottozahlen vorliest, fährt mein Kreislauf herunter. Denn ab diesem Zeitpunkt ist klar: Danach kommt im Wesentlichen nur noch Fußball. Ich werde ruhig. Zu ruhig.

Früher war das anders. Hauchte unsere Gundula in ihrer unnachahmlich warmen Stimme: »Und nun noch die Zahlen vom Mittwochslotto«, dann durchschoss es mich heiß und kalt. Es war die pure Angst, die Geburtstage meiner Familie könnten gezogen worden sein. Weil ich mich dann in den Hintern hätte beißen müssen, was ich aber nicht hinbekommen hätte, und dann hätte ich mich nach meinem Allerwertesten schnappend zusätzlich über meine verkürzten Sehnen geärgert. Denn ich habe damals nie Lotto gespielt.

Mittlerweile habe ich einen kostspieligen Dauerschein für Mittwoch und Samstag. Wegen Gundula Gause und ihrem Lottokomplizen Heinz Wolf. Kein Witz! Ohne die Lottozahlenverlesung im *heute-journal* würde ich nicht spielen. Und damit bin ich der Nachrichtensendung auf den Leim gegangen. Die jahrelang nicht ablassende Werbeaktion hat mich mürbe gemacht. Lottozahlen in den Nachrichten zu verkünden, hat gleich drei Effekte:

a. Lottospielen wirkt wichtig. Die Zahlen kommen im Fernsehen.
b. Lottospielen wirkt sozial akzeptiert. Das macht man ja offenbar so.

c. Lottospielen ist allgegenwärtig. Dauernd kommt immer irgendwo irgendwas ohne Gewähr.

Frage: Was für einen Nachrichtenwert haben Lottozahlen? Wenn Lottozahlen verkündet werden, warum werden keine Sparpreisaktionen der Deutschen Bahn verkündet? Die Bahn ist wie das Lottoglücksspiel auch in staatlicher Hand.

Warum werden keine lustigen Tiervideos gezeigt? Rubrikenname: »Heinz' Wolf«. Anders als Glücksspiel machen Videos von Wölfen und Hunden sowie Sparpreiswerbung nicht süchtig.

Rund zehn Millionen Menschen leben hierzulande in einem Haushalt mit Hund. Das sind knapp zwölf Prozent der Deutschen. Und laut Umfragen spielen rund sieben Millionen Bundesbürger regelmäßig Lotto. Das sind gerade mal gut acht Prozent.

Laut Glücksspielatlas waren 2023 in Deutschland wiederum 4,6 Millionen Menschen spielsüchtig oder zeigten erste Symptome einer solchen Sucht. Das sind rund 5,5 Prozent unserer Bevölkerung. Würden 5,5 Prozent der Zuschauenden sich beschweren, dass sie den Anblick einer in den Oberarm gestochenen Nadel einer Impfspritze nicht ertragen können, na, dann würden solche Impfstoffstechbilder wohl nicht mehr gezeigt.

Zwölf Prozent haben einen Hund. Gut acht Prozent von uns spielen regelmäßig Lotto. Rund 5,5 Prozent haben ein Problem mit Glücksspiel. Verstehen Sie, was ich meine? Warum laufen die Lottozahlen im Fernsehen?

Und wenn schon Lottozahlen, warum dann bitte »ohne Gewähr«? Hier wird eine Haftung ausgeschlossen für den Fall, dass die Angaben falsch sind und sich jemand mit Tippschein in der Hand zu früh freut. Alles schon passiert. Hätte Gundula Gause vorher nicht »ohne

Gewähr« gesagt, hätte sie dann Millionen Euro an den falschen Lottogewinner zahlen müssen? Vom eigenen Volksbank-Konto herunter? Oder hätte das ZDF Millionen Euro an Rundfunkbeiträgen herausgeben müssen? Haben ARD und ZDF eine Ohne-Gewähr-zu-sagen-vergessen-und-dann-ist-eine-Lottozahl-falsch-Versicherung? Leute, bitte!

Wenn aber die Lottozahlen wirklich ohne Gewähr sind, nur weil dies so gesagt wird, haften die Sender im Umkehrschluss dann für alle anderen Angaben in der Sendung, bei denen die Gewähr nicht ausdrücklich ausgeschlossen wird? Was, wenn es windiger wird als vorausgesagt – und die schöne Ming-Vase für sieben Millionen Dollar fällt vom Gartentisch? Muss unsere Gundula dann blechen?

Mein Bauchgefühl sagt mir: Nix da! Wo kommen wir da hin? Sonst müssten die Moderatoren zukünftig die Sendung eröffnen mit: »Guten Abend, wie immer ohne Gewähr.« Oder die Sendung hieße: »Tagesthemen ohne Haftung«. Oder: »Unverbindlichkeitsjournal«.

Und es ist wieder so ein Fall von »war schon immer so«. Würde sich die Redaktion heute zum ersten Mal fragen, was Gundula und Heinz künftig Schönes in der Sendung verkünden könnten, niemand käme mehr auf die Lottozahlen.

Liebe Gundula Gause, ich spüre es: Sie wären froh, wenn Sie nie mehr »ohne Gewähr« sagen müssten. Sie rattern die Zahlen nämlich immer so herunter, als wären sie Ihnen selbst ein bisschen peinlich. Oder? Wenn ja: Bitte gehen Sie voran. Weigern Sie sich. Und dann kündige ich mein Dauerlos. Wohl nicht als Einziger. Machen Sie Deutschland besser.

Was unser Ekel vor Insekten über unsere Zukunft aussagt

Ein Würmchen im Apfel, und schon brodelt es uns heiß die Speiseröhre hoch. Aber zum 70. von Opa schön Shrimps in den Ananassalat werfen! Beim Insektenessen bremst uns wieder einmal das gute alte »Kenn ich nicht, will ich nicht«. Diesem Prinzip folgen Menschen auf der ganzen Welt. Thailänder zum Beispiel würgen bei Tilsiter. Aber wir Deutschen sind die Industrienation Nummer 3! Wir müssen gedanklich immer schön flexibel bleiben! Wer sich vor anderer Leute Kultur ekelt, kann keine maßgeschneiderten Produkte für diese Kulturen entwickeln. Deshalb müssen wir unsere Haltung anpassen. Spaß an neu! Die Thailänder kriegen schon Pizza und Hamburger mit Käse runter. Die sind inzwischen westlich sozialisiert. Und sie essen Insekten. Die sind weiter als wir!

Dabei haben wir das mit dem Umdenken schon mal geschafft. Können Sie sich noch an die Zeiten erinnern, als Sushi nach Deutschland kam? Das war so ab den 1980er-Jahren. »Die Japaner essen rohen Fisch!« Abgründe taten sich auf! Roher Fisch – das war gegen alle Hygieneregeln der deutschen Küche. Wenn der Dorsch in der Senfsoße noch glasig war, dann drohte Parasitenbefall. Fisch musste »durch« sein. *Gut durch!*

Und dann kamen die Japaner. Weil die uns damals schon mit ihren guten Autos überrascht hatten, waren wir hierzulande erst mal neugierig. Mit was für einem Zeug kamen die wohl diesmal um die Kurve? Aha, glasig roher Fisch auf Reis geknubbelt. Und dann auch noch mit Seetang. Das schwarzgrüne Zeug, das man beim Baden in der Ostsee auf keinen Fall an die Füße kriegen wollte.

Roher Fisch, das war erst eine Mutprobe, dann gar nicht mal so schlecht, und heute ist es einfach nur teuer. Weil wir es uns in Massen gönnen. Vollgesogen mit Sojasoße, seufzend herausgeangelt aus dem Schälchen, zerfallen, weil wir uns nicht trauen, die Dinger mit den Händen zu essen, wie es die Japaner tun. Oder mit Messer, Gabel, Löffel, dem weltweit klar überlegenen Besteckkonzept – das sollten wir an dieser Stelle in aller Bescheidenheit so proklamieren, anstatt uns noch auf Jahrzehnte mit Einweg-Balsaholzstäbchen das Essen auf den Schoß zu werfen.

Damals war das Argument: Wenn wir rohes Schwein essen (Mett und hurtig gegrilltes Kotelett Marke »Ach, egal, esse ich so«), dann geht auch roher Fisch. Wir Deutschen brauchen immer ein Hilfestellungsargument, das uns belegt: Wir sind konsequent, auch wenn wir uns gedanklich bewegen. »Du isst rohes Schwein. Dann kannst du auch rohen Fisch essen. Du musst dich nicht verändern, nicht verbiegen. Auch wenn du Sushi isst, bleibst du der gleiche Mensch.«

Und jetzt also Insekten. Ungeziefer?

Würmer, Maden und Sechsbeiner haben bei uns einen schlechten Ruf. Wegen der ganzen Krimis im deutschen Fernsehen. Zu viele Leichen. Zu viele Forensiker. Wer weiß schon, was die Viecher vorher gefressen haben? Und die sollen wir jetzt essen, um zu beweisen, dass wir zur Flexi-Elite gehören?

Bevor wir darüber nachdenken, worin sich ein Schwein gewälzt hat, bevor es zur Wurst verarbeitet wurde, und wie ein Rind am Hintern aussah vor dem Bolzenschuss, schnell ein Blick auf die Insekten:

1. Proteingehalt: bis zu 60 Prozent (zum Vergleich der Proteinchampion Fisch: Ein Stück Stremellachs kommt auf rund 25 Prozent).

2. Insekten fressen wenig. Für ein Kilo Fleisch aus Grillen benötigt man zwei Kilo Futter. Bei Hühnern sind es rund vier, bei Schweinen rund acht, bei Rindern rund 24 Kilo.
3. Insekten sparen Wasser und CO_2.
4. Insekten-»Ställe« sind kleiner.
5. Insekten pupsen weniger und produzieren viel weniger klimaschädliches Methan als etwa Rinder.

Sapperlot, oder? In mehr als hundert Ländern knabbern die Leute heute schon Heuschrecken, Würmer und Maden. Zwei Milliarden Menschen. Der einzige Grund: Die Insekten schmecken ihnen.

Ja, denen! Mia san aber mia!

Okay, aber wie *genau* sind wir denn?

1. Wir schneiden dem Schwein den Darm aus dem Leib, spülen die Fäkalien kiloweise heraus, zerkleinern den Rest des Schweins und stopfen es dann in die eigenen Eingeweide – und wenn wir dann draufbeißen und die Darmwand zerplatzt, nennen wir das eine knackige Wurst und freuen uns. Alles Haltungssache!
2. Eine Garnele steht einer Heuschrecke ja nun wirklich in nichts nach. Antennen, Glupschaugen, Borsten, Stacheln. Aber mit Zitrone und Aioli und Weißwein: Urlaubsfeeling. Und dann erst der große Bruder: der Hummer. Mein Kumpel aus Freiburg hätte an dieser Stelle gefragt: *»Merksch was?«*
3. Und ich setze noch einen drauf: Gucken Sie sich mal eine Miesmuschel an. So!

Wer Insekten kann, der kann Welt. Mal ein Beispiel: Die Chinesen etwa lieben Avatare in der Entertainmentsoftware ihrer Autos. VW räumt ein: Deren Bedeutung hatte man unterschätzt. Die kennen ihren größten Markt nicht richtig. Ich unterstelle: Da war denen das deutsche »Ging bislang ohne. Braucht man nicht« im Weg. Insektenessern wäre das nicht passiert. Die belehren nicht, die halten die Augen und Ohren nach Neuem auf und lassen sich inspirieren. Ohne Insekten wird es auf Dauer auch hier nicht gehen.

Wir wollen sparen, sparen, sparen – und leisten uns zwei Regierungssitze

Bochum hat rund 365 000 Einwohner.
Wuppertal hat rund 360 000 Einwohner.
Bielefeld hat rund 338 000 Einwohner.
Bonn hat rund 337 000 Einwohner.
Münster hat rund 321 000 Einwohner.
Mannheim hat rund 316 000 Einwohner.

Aber nur Bonn wird gefördert wie verrückt. Denn Bonn ist: Bundesstadt.

Ein elegant klingendes Fantasiekonstrukt zum Trost. So wie wenn die Mama beim Kindergeburtstag nach dem Topfschlagen der kleinen Schwester, die auch mitmachen durfte, sagt: »Du bist auch Erste. Von hinten.«

Den Trost hat Bonn sich verdient. Bühl im Schwarzwald ist auch Zwetschgenstadt. Das macht was her.

Mit den Beschlüssen des Deutschen Bundestages von 1991 und 1994 wurde festgelegt, dass der Regierungssitz von Bonn nach Berlin verlegt wird. Aber, wie wir das halt so machen: nur zum Teil. Damit niemand weint. Sechs Bundesministerien sind einfach nicht mit umgezogen: Umwelt, Verteidigung, Landwirtschaft und Ernährung, Gesundheit, Wirtschaftliche Zusammenarbeit und Entwicklung, Bildung und Forschung.

Die Sache mit dem Trost ist natürlich nett gemeint. Aber wie lange soll das noch gehen? Gut, wir Deutschen haben beim Trösten ja einen langen Atem. Seit 1803 zahlen wir den Kirchen eine Entschädigung für enteignete Kirchengüter. Von unserem schönen Geld! Obwohl schon in der Weimarer Verfassung 1919 gefordert wurde, diese Leistungen endlich abzulösen. Und obwohl die Kirchen mitunter in Geld schwimmen.

Apropos: Was, wenn Weimar anfinge, ein paar Ministerien für sich zu fordern? Als kleine Belohnung dafür, dass es jetzt das wunderbare Grundgesetz gibt – nachdem damals in Weimar die erste demokratische Verfassung aufgesetzt wurde.

Tröstliche Doppelstrukturen sind teuer. Denn natürlich ist es nicht so, dass die aufgezählten Bonner Ministerien brav im Rheinland vor sich hin wurschteln und ab und an den Bundeskanzler in Berlin anrufen.

Der Landwirtschaftsminister irgendwie so: »Wir haben das mit dem Veggie-Day jetzt übrigens doch gemacht. Nur zur Info. Weil: Ihr kriegt da in Berlin ja nichts mit.«

Oder der Verteidigungsminister: »Übrigens, äh, wie heißte noch mal, Dingens – *Olaf!* Olaf, ich wollte es dir persönlich erzählen: Es ist Krieg.«

Das wäre ja schlimm.

Nein, die haben natürlich alle auch noch Büros in Berlin. Und das koooooooostet. Und wen? Öhm, na ja …

Aber persönlich sprechen ist halt schöner. Das wissen wir seit Corona. Homeoffice ist cool, aber der Mix macht's. Selbst ein Herr Lauterbach sitzt gern mal in der Bundespressekonferenz vor der blauen Wand schön mit einem frischen Kaffee und erzählt was. Obwohl er ja eigentlich von Bonn aus zu arbeiten hat. Immer per Video zuschalten lassen – das ist ja blöd.

Die Frage ist: Wozu dann noch Bonn? Antwort: den Bonnern zuliebe.

Seit 1991 ist in Bonn die Anzahl der Beschäftigten in den Ministerien von 21 200 auf 6600 zurückgegangen. Um die flöten gegangenen Arbeitsplätze auszugleichen, sind seit den 1990ern Milliarden Euro vom Bund an den Rhein geflossen. Um neue Institutionen anzusiedeln. Das ist eine ganz exquisite Idee. Kultur, UN, Medien, Wissenschaft und so weiter. Machen das Rheinland stark.

Auf europäischer Ebene lästert man über die beiden EU-Parlamentssitze in Brüssel und Straßburg – die Abgeordneten und Beamten stöhnen über den Pendelaufwand. Deutschland diskutiert über zu hohe Kosten für zu viele öffentlich-rechtliche Rundfunksymphonieorchester, Doppelstrukturen durch Minibundesländer wie das Saarland und Bremen. Und dann Bonn-Berlin. Muss heutzutage nicht jeder Doppelluxus auf den Prüfstand? Für mehr Kindergärten und Pflegeplätze?

Was würden Sie sagen? Angenommen, Sie bekämen zum Geburtstag von einem guten Freund einen elektrischen Reinschlüpffußwärmer mit extra softer Fütterung, flauschigem Obermaterial und Antirutschsohle geschenkt. Und dann packen Sie beim gemütlichen Kaffee das nächste Päckchen aus und stellen fest: Ihr Schatz schenkt Ihnen einen elektrischen Reinschlüpffußwärmer mit extra softer Fütterung, flauschigem Obermaterial und Antirutschsohle. Was ist da die erste Frage? Richtig: »Baby, hast du noch den Bon?«

Denn statt sich nun abwechselnd mal den einen und dann den anderen Fußwärmer an die kalten Mauken zu schnallen, verzichten Sie lieber auf Doppelstrukturen und bekommen dafür etwas anderes Schönes: das lange ersehnte UV-C-Desinfektionsetui mit LED-

Innenbeleuchtung zur hygienischen Trockenreinigung von Handys, Schmuck und Schlüsselbund. Zum Beispiel!

Und das ist die Chance für Bonn. Die Frage ist: Was entspricht aus Bonner Sicht einem UV-C-Desinfektionsetui mit LED-Innenbeleuchtung auf Bundesstadtniveau? Was könnte man statt doppelter Regierungsstrukturen in Bonn aufbauen, wovon die Bonner, die Menschen in NRW und dem benachbarten Rheinland-Pfalz und sogar Deutschland und Europa profitieren?

Hmm, das UN-Fledermaussekretariat haben die schon. Das wäre jetzt meine erste spontane Idee gewesen. Was Verrücktes … Mal brainstormen:

Bonn.

Bonn, Bonn, Bonn … Bonbon! Eine, eine, eine *Gummibärchen- und Lakritzfabrik!!!*

Ach, nee. Shit. Ach, was weiß ich. Vielleicht irgendwas mit digital. Da soll jetzt ja auch bald in Deutschland was in der Richtung kommen.

Deutsche Leidkultur: »Lebkuchen im September verdirbt mir Weihnachten.«

Mögen Sie mit Anchovis gefüllte Oliven? Ich komme darauf zurück.

Jedes Jahr, wenn im September die Lebkuchen und Spekulatius palettenweise vor die Supermarktkassen gerollt werden, kämpfen Millionen von Deutschen gegen Brechreiz und Wut: »Jutta, guck dir das an: Dominosteine! Zimtsterne. *Jetzt schon!*«

»Igitt! Warte, Jörg, ich hol den Marktleiter!«

Was ist denn da nun wieder los? Ist ja klar: Die deutsche Leitkultur wird zur Leidkultur. Das Jammern darüber, dass andere es nicht so halten wie man selbst.

Wer Weißweinschorle bestellt, habe keine Ahnung von Wein, wer Berliner Weiße trinkt, sei kein echter Berliner, und wer Weißwurst nach soundso viel Uhr isst, muss ein Preuße sein (was für viele allerdings ein Kompliment ist).

Und so bittet mancher im Flugzeug die Flugbegleiterin in einem kurzen, diskreten Vier-Augen-Gespräch, den Tomatensaft in einer undurchsichtigen Tasse zu servieren und dabei gut hörbar zu rufen: »Hier, Ihr Kaffee!« Nur weil der Tomatensaft an Bord irgendwie das Prädikat »peinliches Wenigfliegerhighlight« abbekommen hat: »Du trinkst doch zu Hause auch keinen.«

»Zu Hause trinkst du auch keinen drei Grad kalten Rotwein.«

Wir Deutschen wollen nicht, dass unsere Landsleute einfach so etwas anders machen, als wir es selbst immer tun, ohne dass sie den Sinn der Abweichung mit belastbaren Studien, Umfragen und ärztlichen Attesten belegen. Tomatensafttrinker sollten an Bord das Argument parat haben: »Der Tomatensaft ist hier das gesündeste Kaltgetränk.« Dann sagt niemand mehr was.

Und so erklärt sich auch der Lebkuchenknatsch. Es gibt Zeitgenossen, die an der Kasse anmerken: »Warum machen Sie mir die Weihnachtszeit kaputt?«

Das ist freilich so, als würde man BMW den Vorwurf machen: »Müsst ihr eure Autos immer in Silbermetallic lackieren? Meine Glücksfarbe ist Gelb.«

Dennoch: Der Handel braucht in Deutschland ein Argument. Hier ist es: Lebkuchen wird bereits im Spätsommer angeboten, weil die Leute sich im Spätsommer nach Lebkuchen sehnen. Und zwar mehr als in der Weihnachtszeit. Tatsache! Ein Drittel der Einnahmen mit Weihnachtsgebäck erzielen Handel und Hersteller im September. Denn im Advent backen die Leute ihre Kekse selbst und kaufen weniger Fertiges. Ist so.

Lebkuchenkäufer sind die Tomatensafttrinker der Vorvorvorweihnachtszeit. Und der Handel ist nicht der Knecht Ruprecht der kirchlichen Traditionswahrer. Zum Glück! Das machen andere. Es gibt Menschen, die über Weihnachtsmärkte laufen und die Leute belehren, der Schokoweihnachtsmann müsse eigentlich ein Schokonikolaus sein, deshalb sei die aufgedruckte rote Zipfelmütze falsch, es müsse eine Bischofsmütze sein. Das letzte Aufbäumen vor der Bedeutungslosigkeit.

Und jetzt kommt's! Vor einigen Jahren hat eine Meinungsumfrage von YouGov ergeben: Ein Drittel der Deutschen wünscht sich ein Weihnachtsgebäckverbot vor November. Hä?

Das ist so, als würden Menschen, die keine Kinder haben, protestieren, dass Alete-Gläschen in den Regalen stehen, als wären Katzenhalter dagegen, dass es bei Rewe Hundefutter gibt, oder als wären Leute, die im Winter zu Hause bleiben, dagegen, dass es rund ums Jahr Sonnencreme bei Rossmann zu kaufen gibt. Wenn Sie keine Oliven mit Anchoviscreme mögen: Können Sie damit leben, dass sie bei Edeka im Regal stehen?

Der überwiegende Anteil der Produkte im Supermarkt wird von uns niemals gekauft. Sie sind für die anderen da. Irgendwas mit Plu. Plu, Plu, Pluralismus!

Erklären wir Lebkuchen und Spekulatius einfach zum Herbstgebäck. Und ab Silvester kommen dann die Frühjahrsschokohasen.

Standortnachteil Regionalstolz: Der echte Berliner ist jetzt der Zugezogene

»Ich bin ein Berliner.« Ganz dünnes Eis! Dass Kennedy nach diesem Spruch damals nicht gelyncht wurde, ist ein Glücksfall der Geschichte.

Viele Einheimische grenzen andere Deutsche aus und sprechen dann kuschelig von »Regionalstolz«. Mal ist das lustig oder dusselig harmlos, mal einfach, ja deutschenfeindlich.

Ausgrenzung aus Regionalstolz ist Fremdenfeindlichkeit in noch provinzieller. Eine flüchtige Bekannte hat mir vor einiger Zeit auf einer Party in Berlin erzählt: »Ich bin keine echte Berlinerin. Obwohl ich mein ganzes Leben in Berlin verbracht habe. Weil: Ich bin in Potsdam geboren. Meine Eltern haben damals zwar in Berlin gelebt und sind noch am Tag meiner Geburt die zehn Kilometer mit mir nach Hause gefahren. Aber in meinem Ausweis steht: Geburtsort Potsdam. Und mein Leben lang bekomme ich jetzt zu hören: Sorry, aber eine echte Berlinerin bist du nicht.«

Die Frau neben ihr schwenkte versonnen ihr Weißweinglas und hauchte: »Ja, bist du ja auch nicht.«

Nun bin ich selbst ein nach Berlin Zugezogener. Als ich einst einem neugierigen Tischnachbarn in einem Restaurant in Bangkok erzählte, dass ich aus Berlin sei, mischte sich ein Deutscher von einem dritten Tisch aus ein: »Sind Sie in Berlin geboren?«

»Nein, das nicht.«

»Dann erzählen Sie doch nicht herum, dass Sie Berliner sind.«

Echt wahr! Das war kränkend. Es war kränkend, dass meine Stadt so ein Angstdorf ist.

Kaum einem New Yorker würde es in den Sinn kommen, die Zugehörigkeit zur Stadt an die Bedingung der Geburt in einem New Yorker Krankenhaus (oder Taxi) zu knüpfen. Für New Yorker ist kein New Yorker, wer dort lebt, aber das New-York-Gefühl blöd findet. Das wäre doch auch was für uns: Wem es in Kaff A nicht passt, soll nach Kaff B ziehen. Aber wir machen es umgekehrt: Wir wollen nicht, dass sich Zugezogene als Einheimische fühlen. Von Ausländern fordern wir Integrationswillen. Deutsche hingegen sollen Fremde bleiben. Ist das nicht ballaballa?

Nicht nur in Berlin, in ganz Deutschland gestatten viele einem nur dort richtig zu Hause zu sein, wo wir nachweislich geboren sind. Und die Eltern am besten auch schon. Im Idealfall gibt es im Stadtarchiv ein verwaschenes Schwarz-Weiß-Foto der Urgroßeltern, wie sie gerade in der Kapelle die Gesangsbücher verteilen.

Im badischen Bühl war ich von der siebten bis zur zehnten Klasse als der Junge aus Niedersachsen immer der Fischkopp. Wo die das Wort aufgeschnappt hatten, wusste ich nicht. Die kannten bis dato ja gar keinen Menschen von nördlicher als Karlsruhe. Das Nachbarmädchen durfte nicht so oft mit meiner Schwester spielen, damit es ihren badischen Dialekt nicht verlernte. Bis heute gilt dort: Wer Hochdeutsch spricht, ist arrogant. Verstehe ich nicht. Badischfrei zu sprechen, ist nun mal eine Gnade Gottes. Dafür können die Hochdeutsch Sprechenden doch nichts. *(Scherzle gmacht!)*

Im Ernst: Schwaben erging es nicht anders. Zwar wusste keiner der Teens mehr, warum Baden und Schwaben was gegeneinander haben, aber es war ihnen von den Eltern so erklärt worden: »Bisch ä Schwob, wirsch niemals ä Badner sei.« Ausgrenzung aus Regionalbewusstsein – das hat in manchen Familien Tradition wie Raclette und Rotkäppchen zu Silvester.

Dann diese schnurrbärtige Köln-Düsseldorf-Feindschaft.

»Man bestellt keinen Whopper bei McDonald's und man bestellt kein Altbier in Köln.« Seufz.

Und was der Abgrenzungsquatsch kostet! Dieses Saarland, dieses Bremen. Haben ja alle ihre Existenzberechtigung. Ins Saarland kann man zum Beispiel billig aus Frankreich pendeln. Und Bremen hat die Stadtmusikanten. Alles super. Aber doch nicht als Bundesland!

Leute, bitte! Guckt euch NRW an. Rheinland, Westfalen, Ruhrgebiet und Lippe. Alles zusammengeführt zu einem Bundesland. Zusammengehalten vom WDR. Das geht!

Wer zu einem Deutschtürken sagt: »Du wirst niemals ein richtiger Deutscher sein«, der schadet seinem Land. Aber wenn ein Berliner einem zugezogenen Deutschen sagt: »Du wirst niemals ein richtiger Berliner sein«, dann meint der das natürlich herrlich schrullig. Was für eine Marke! Hahahahaha! So süß.

Und so falsch. Der echte Berliner ist heute der Zugezogene. Die in Berlin Geborenen sind mittlerweile in der Minderheit. Aber ich habe kein Problem mit denen. Die dürfen gern bleiben.

Wasser aus der Leitung schmeckt mir näääächt!

Sagt ein Mann am Abendbrottisch zu seiner Frau: »Ute, lass doch bitte den Kühlschrank offen stehen. Ich finde das Licht darin so gemütlich.«

Was würden Sie Ute da raten? Ich würde ihr zumindest getrennte Kassen empfehlen.

Manchmal tun wir Dinge im Leben, die sind einfach unvernünftig. Das ist schade, aber nun ja, wir sind halt alle Menschen. Wie das Leben so spielt und so weiter. Doch manche tun Dinge, obwohl sie wissen, dass sie sinnlos sind. Das ist dann wirklich richtig bescheuert, da sind wir uns ja wohl einig. Denn wenn uns alles egal ist, schmieren wir auf Dauer mal so richtig ab. Kollektiv.

Da ist zum Beispiel diese unangenehme Sache mit dem Mineralwasser. Wer stilles Mineralwasser aus aller Welt kauft, statt daheim aus der Leitung zu trinken, der schmeißt letztendlich Geld zum Fenster heraus. Es gibt ja hierzulande Leute, für die ist stilles Wasser aus der Flasche »mein kleiner Alltagsluxus«. Klein? Es geht hier nicht um ein paar Zerquetschte. Sondern um Zaster in dicken Bündeln. Wir verplempern unser Vermögen. Sinnlos. So als würden wir Atemluft in Druckbehältern aus Rio importieren.

Jetzt mal Fakten an Fakten. Was ist los hier?

- Fakt 1: Wer seinen Bedarf an Mineralien allein mit Mineralwasser decken will, muss im Schnitt jeden Tag 100 Liter trinken. Ganz genau, Leute. Unser Mineralienhaushalt ist also nicht auf Mineralwasser angewiesen.

- Fakt 2: Der kleine Teil an Mineralien, den wir über das Wasser aufnehmen, lässt sich wunderbar übers Leitungswasser reintanken. Denn Leitungswasser hat auch ordentlich Mineralien. (Ich war auch baff.)
- Fakt 3. »Aber Mineralwasser ist hygienischer! Wäwäwäwäää!« Gibt ja so Leute. Jetzt passen Sie mal auf: Keime haben im Leitungswasser schlechte Chancen. Das Wasser wird kalt und mit hohem Druck durch die Rohre transportiert. Stilles Mineralwasser wird in Flaschen mitunter durch halb Europa gekarrt. Steht es da mal zwischendurch in der Sonne (spätestens auf dem eigenen Balkon zu Hause), schmeckt das Wasser danach schnell so, wie die Flasche riecht. Nach Plastik. Und selbst in Glasflaschen: Die strengen mikrobiologischen Grenzwerte beim Mineralwasser gelten nur für den Abfüllort, nicht für das Wasser, das am Ende bei uns ankommt. Und googeln Sie mal nach Evian + Uran + Ökotest.

Die Firma Evian aus dem (mineralwassermäßig) weit entfernten Frankreich schreibt über die Jahre auf ihrer Website schon mal Naturromantisches wie: »Jeder Tropfen Evian beginnt seine Reise als Regen oder Schnee hoch oben in den unberührten Gipfeln der französischen Alpen und fließt durch eine riesige Mineralwasserschicht tief im Herzen der Berge, bevor er schließlich an der Quelle in Évian-les-Bains zu Tage tritt. Diese fantastische Reise ist das Geheimnis hinter der Reinheit von Evian und dauert über 15 Jahre.«

Herrlich! Und da ist die Reise in den Diesel-LKW über Hunderte Kilometer auf der mehrspurigen Autobahn, das Gekurve der Gabelstapler in den Getränkemärkten und das Geschleppe der Kisten aus den Kofferräumen der Nation bis in die Vorratskammern im Keller und den Küchen im fünften Stock ohne Aufzug noch nicht mal mit drin.

Am Ende von anderthalb Dekaden, nach all dem Fließen, Sickern, Sprudeln, Abfüllen, Fahren und den ganzen Bandscheibenvorfällen unterscheidet sich das Mineralwasser an Reinheit nicht relevant von unserem Leitungswasser, das nach seiner fantastischen Reise durch unser riesiges Rohrleitungsnetz ins Herz unserer gemütlichen Wohnungen sprudelt. Kalt, klar, frisch. Und billig.

Firmen wie Evian bleibt mitunter offenbar nichts, als zu mogeln. Evian war schon Träger des Titels »Mogelpackung des Jahres«, verliehen von der Verbraucherzentrale Hamburg. Die kritisierte einst eine neue Flasche als kleiner (0,25 Liter weniger) und dennoch teurer.

Und wir kaufen den Wahnsinn! Ich möchte nicht übertreiben, aber das ist ein Problem für unser Land. Denn das zieht Kaufkraft ab. Mit herangekarrtem Wasser!

Evian kostet pro Liter so zwischen 80 Cent und einem Euro. Ein Liter Leitungswasser kostet rund 0,2 Cent.

Und jetzt müssen Fans des stillen Wassers von der Autobahn stark sein. Angenommen, so ein Evian-Fan, nennen wir sie Bettina, trinkt jeden Tag zwei Liter, hat im Alter von 35 Jahren mit Evian angefangen (dem Alter, in dem wir meinen, langsam sei Zeit für Lifestylestatements, denn sonst kommt ja nicht mehr viel) und hält das bis ins Alter von 85 Jahren durch, bevor man ihr im Seniorenzentrum wieder Kranwasser vorsetzt, dann entstehen Bettina (Inflation ignoriert) Kosten für Wasser von ziemlich genau: 33 000 Euro.

Ich wiederhole: 33 000.

Würde Bettina stattdessen in dieser Zeit Leitungswasser trinken, käme sie auf Kosten von: 73 Euro.

Ich sag's nur!

Abermillionen Euro werden in Deutschland jedes Jahr für ein eigentlich fast kostenloses Produkt bezahlt. Wer auf Leitungswasser umsteigt, könnte sich jedes Jahr einen Kurzurlaub extra leisten.

Bettina stampft empört auf: »Aber das Wasser aus der Leitung *schmeckt* mir in unserer Stadt näääääächt.«

Rein finanziell gesehen, lohnt sich dann ein Umzug, hier im Land des fantastischen Leitungswassers, das uns nicht gut genug ist.

Fressen, saufen, rauchen ist unsere Leitkultur

Es ist natürlich blöd gelaufen: Unsere Ess- und Trinkkultur feiert die ungesündesten Kreationen, die es in der Weltküche so gibt. Nehmen wir mal die Schweinshaxe. Die Schweinshaxe ist ja im Groben so aufgebaut wie der Planet Erde: Die ölglänzende Kruste schwimmt, wie von Zauberhand gehalten, außen auf einer gallertartigen Schicht aus purem Fett, das wiederum auf einer Schicht Fleisch und Knorpel ruht, bevor im Kern der Knochen kommt. Der ist das Gesündeste an der Haxe. Weil man den nicht mitessen kann.

In anderen Ländern isst man einen Keks oder zwei. In Deutschland gibt es Torte. Oder wie wir sagen: Es gibt *schön* Torte.

Typisch deutsch ist nicht nur »schön«, sondern auch »schön viel«.

Hoho, schau, a Maß Bier. Des ist doppelt so viel wie normal. Ein Schnitzel muss über den Tellerrand lappen. Und am Salatbüfett bei Karstadt waren wir schon immer Stapelmeister: außen ringsherum als über den Rand ragende Spundwand die steifen Blätter des Chicorées, die lockeren Blätter des Feldsalats und der Endivie nach unten, damit die schwereren Batzen aus Thunfisch, Ei, Fleischwurst, Schafskäse und Sellerie-Mayo-Salat die lockere Masse unten kurzfristig sprungfederhaft zusammendrücken können. Obendrauf die fast unendlich in die Höhe drillbaren Sprossen. Darin fluffig wie in einem Nest versenkt die Croutons. Wenn es an der Kasse dann maulig heißt: »Zwei Salate?«

»Nö, einer.«

Vielen gilt viel viel.

Nicht wenige von uns konsumieren sich ins Grab. Aber die Politik hält die Finger weg von der Bahre. Wir sind schließlich kein Polizeistaat, nicht wahr? Oder ist es etwa schon wieder so weit in Deutschland, dass man sich noch nicht mal mehr einen Diabetes oder einen Schlaganfall anfressen darf? Einen Lungenkrebs herbeiquarzen, bis zum Herzinfarkt auf dem Sofa herumhängen oder die Leber mit Alkohol zerfleddern?

Versuche, diese Gewohnheiten zu brechen, gelten vielen nicht als Inspiration, sondern als Anmaßung und Reinregieren.

Wer sich in Deutschland unwählbar machen will, der sage öffentlich »Veggie-Day«, »Fleischverzicht« oder »Sellerieschnitzel«. Der beste Weg, einen Deutschen zum Aufzugfahren zu bringen, ist zu sagen: »Treppenlaufen würde dir guttun.«

Eine Smartwatch, die anzeigt, dass es mal wieder Zeit wäre, den müden Hintern vom Stuhl zu erheben, die lässt die West- und Ostküstenamis aufspringen. Wir sind da wie die US-Bürger in der Mitte. Wir fühlen uns gekränkt, wenn eine Verhaltensänderung angeraten wird. Weil das ja klingt wie Kritik am alten Trott.

Meine Schwester lebt in Dänemark. Sie sagt: »Ey.« (Doch, ich glaube, sie hat tatsächlich Ey gesagt.) »Ey. Alle kaufen hier die jährlich neu erscheinende dänische Weihnachtsglasdeko. Egal, wie hässlich die in diesem Jahr geworden ist.«

Als sie dieses Weihnachtskaufverhalten dort einst als eine Art Konsumgleichschaltung kritisiert hatte, blickte sie in lauter entgeisterte dänische Gesichter. Sie hörte es förmlich aus der Stille heraus: »Gefällt es dir nicht bei uns?«

Man zieht dort im Norden lieber mit. Das skandinavische Urvertrauen in die Gemeinschaft, den eigenen Staat. Motto: Der Staat sind wir.

Das sieht bei uns Deutschen bekanntlich ganz anders aus. Also, auch wir sind eine repräsentative Demokratie. Das schon. Aber das wollen wir nicht wahrhaben. Motto: der Staat einerseits und wir andererseits. Aber jetzt wird es fies: Denn diese Staatsskepsis können Politiker hierzulande herrlich einfach für sich nutzen, wenn sie sich lieber die Parteitage von Lobbygruppen durchsponsern lassen, als etwas zu verändern: »Wir wollen die Bürger nicht bevormunden.«

Heißt: Da hat sich mal wieder irgendein mächtiger Interessenverband zum Erfolg geschleimt. Im Zweifel mit Geld. Die praktisch nur noch in Deutschland hoch erfolgreiche Tabaklobby lobbyiert gegen Verkaufsverbote (und bezahlt die Parteitage mit), die Zuckerlobby lobbyiert gegen die Besteuerung von Süßkram (unsere schööönen Rüben), die Alkohollobby lobbyiert für den Alkohol, denn Saufen ist ja Tradition (bitte verantwortungsvoll konsumieren).

So, und nun sagen namhafte Wissenschaftler: Schwabbelalarm. Wir Deutschen sind zu dick. Der Anteil adipöser, also fettsüchtiger Leute hierzulande liegt etwa deutlich über dem Wert von Italien.

Die mediterrane Küche halt. Ja, die haben es gut. Wir haben Pech. Wir kommen an Olivenöl, Fisch, Gemüse, Joghurt und Nüsse ja leider nicht ran.

Die Norweger sind aber auch nicht so pummelig wie wir. Hmm. Ja klar, weil die so groß sind. Beziehungsweise: weil es dort mehr Präventionsprogramme gibt. Die es bei uns nicht geben kann. Weil wir keinen Polizeistaat wollen. Und was das kostet! Und unsere Krankenkassen würden das Geld doch so gerne für die homöopathischen Zuckerkügelchen ausgeben.

Das deutsche Prinzip beim Gesundheitsschutz: *Muss jeder selbst wissen.*

Weiß aber nicht jeder selbst. Weil wir im Namen der Lobbyverbände (die unsere Parteien sponsern) die Unwissenden dumm halten. Gerade weniger gut gebildete Bürger werden von Industrie und Politik links liegen gelassen, was die Gesundheit angeht: Laut Robert Koch-Institut sterben Männer, die an der Armutsgrenze oder darunter leben, in Deutschland durchschnittlich über zehn Jahre früher als Wohlhabende. Der Grund: vor allem die Qualmerei. Rauchen ist ein deutsches Unterschichtenproblem. Und die Bundesregierung guckt weg und sagt: Freiheit.

Diese Freiheit macht krank. Und das verursacht Kosten im Gesundheitssystem, die wir alle gemeinsam tragen. Das nennen wir dann Solidarität. Die Leute dürfen erst ganz selbstbestimmt krank werden, und dann, wenn sie so richtig aufgeschmissen sind, wird in deren Unselbstständigkeit ordentlich Geld reingebuttert.

Stellen wir uns eine Mutter vor, die sagt: »Liebe Freunde, ich bin eine richtig gute Mama. Und jetzt erkläre ich euch, wieso. Bevor ich meinem kleinen Kind hinterherrenne, wenn es auf die Straße stolpert, lasse ich ihm lieber seine Freiheit, lasse es vom Müllauto anfahren und besuche es dann ganz in Ruhe auf der Intensivstation.«

Wir lassen die Leute im großen Stil in Krankheit und frühen Tod rennen. Nur weil sie erwachsen sind.

Kapier ich nicht so richtig. Ich befürchte, auch deshalb schmiert Deutschland so ab.

Der Nacht-ICE ist ein Schlafentzug

Ach, Sie mit Ihrem Bahnfrust. Reservierter Platz weg, weil anderer Zugtyp? Toilettenraum gesperrt, weil jemand ein Papier vom Handtuchspender ins Klo geworfen hat? Der ICE hat vor Stuttgart vier Stunden Verspätung, weil er in Berlin zehn Minuten zu spät bereitgestellt wurde? Pah! Jetzt passen Sie mal auf, ja? *Ich bin mit dem Nacht-ICE von Bielefeld nach Berlin gefahren!!!*

Als ich am Morgen nach Hause kam, schallte mir als Erstes entgegen: »Um Gottes willen! Bist du zusammengeschlagen worden?«

Dabei liebe ich Bahnfahren, ich liebe den ICE. Aber doch bitte nicht nachts! Nachts wird der elegante weiße Edelzug plötzlich zum Menschenfeind. Weil er alles, was er sonst ist, nicht mehr ist: schnell, ruhig, komfortabel.

Die Deutsche Bahn hat sich ja bekanntlich vor Jahren aus dem Nachtzuggeschäft verabschiedet. Begründung, Achtung: Lohnt sich nicht.

Dieser Spruch! Lohnt sich nicht! Was ist das denn für eine Haltung?

Linienbusse, U-Bahnen, Regionalexpresse lohnen sich alle nicht und werden von uns allen bezahlt. Stichwort Daseinsvorsorge. Aber Nachtzüge sollen Geld abwerfen. Sollen wir Deutschen das Bahnfahren nun als Gewinn für unsere Lebensqualität empfinden oder nur als notwendiges Übel?

Die Bahn verknuspert jeden Tag unsere Steuergelder. Die großen Schienenrettungsprogramme verschlingen Milliarden. Zu Recht.

Dagegen hat die Bahn doch offenbar auch nichts einzuwenden. Aber auf geile Nachtzüge hat die Bahn keinen Bock. Wie *lame* ist das denn?

Nur um brav sagen zu können: »Wieso, was ist, wir fahren doch auch nachts!«, zuckeln die Nacht-ICEs durch die Republik. Während die richtigen Nachtzüge mit Liegen, Betten, Duschen und Nachtlounge aus dem Ausland zu uns kommen, beschränkt sich die Deutsche Bahn leidenschaftslos auf Nachtzugkooperationen etwa mit der Österreichischen Bundesbahn und schmückt sich im Fahrplan mit den Ideen der anderen.

Und dann ebendieser Nacht-ICE. Der belegt die deutsche Einstellung: selbst schuld, wenn du mit dem Zug fährst.

Der Nacht-ICE beschreibt die Ambitionen der Deutschen Bahn ungefähr so wie ein Bräutigam, der in der Hochzeitsnacht den Trauzeugen bittet, der Braut eine unvergessliche Nacht zu bereiten.

Apropos: Die Bedürfnisse von uns Menschen sind nachts andere als tagsüber. Tagsüber wollen wir uns bewegen, stehen, sitzen, essen, trinken, uns konzentrieren, arbeiten, uns unterhalten lassen, der Körperhygiene nachgehen, wir suchen Kontakte zu anderen Menschen, haben den Blick auf die Uhr. Und genau darauf ist der ICE ausgelegt.

Jetzt ist es aber so: Nachts wollen wir in einem Zug von all dem genau null.

Bis auf die sechste Stelle hinter dem Komma genau: null.

Eine ganze Schlafindustrie vom Betten- über den Matratzenhersteller, vom Nachtbeleuchtungsdesigner und der Kopfkissenwissenschaftlerinnen bis zu den Bettdeckenbefüllern haben das erkannt: Wir wollen es kuschelig haben. Und wir wollen! Unsere! Ruhe!

Die Deutsche Bahn aber macht die Nacht zum Tag. Und das macht einen fertig.

Als mein Nacht-ICE um rund zwei Uhr fast pünktlich am Bahnhof Bielefeld einfuhr (rund 25 Minuten Verspätung), da war mir der Blick ins vorbeirollende Bordrestaurant schon die erste Warnung. Sämtliche Insassen hatten ihre Köpfe auf die Tischplatte gelegt. Zwischen Cola- und Bierflaschen. Es sah aus, als hätte eine böse Hexe einen Fluch ausgesprochen und alle Fahrgäste von einer Sekunde auf die nächste in einen 1000-jährigen Schlaf gezwungen. Ich ahnte noch nicht: Ich würde mich schon bald nach einem bösen Fluch sehnen.

Mein Platz war dank eines Upgrades in der 1. Klasse. Dort war es leer. Und hell ausgeleuchtet wie ein Gefängnistrakt bei Alarm. Der Zug war nämlich ein ICE der Modellreihe 2. In dieser Baureihe ließ sich das Licht nicht dimmen.

Die Schlafenszeit, ja die nennt die Bahn Ruhezeit. Die Fahrgäste sollen an Bord deshalb schön die Klappe halten. Finde ich gut. Aber leider gilt das mit dem Klappehalten nicht für das Personal. Als wäre es ein frischer Frühlingsmorgen, dröhnen auch noch um vier Uhr nachts die Durchsagen durch den Zug. Ob sie leiser sind als sonst, kann ich nicht sagen. Von Herzaussetzern herausgerissen aus jeder Dösphase, versagte mir da das Einschätzungsvermögen.

Dabei beschränkt sich der Zugchef auch nicht wie einst vorgesehen auf die nötigsten Durchsagen im Sinne von: »Nächster Halt Braunschweig«. Sondern da wird in einer gesonderten Durchsage noch die Ausstiegsseite in Fahrtrichtung durchgerufen, danach die neu zugestiegenen Fahrgäste fröhlich begrüßt, sie sollen doch einfach den Durchsagenden ansprechen, wenn Fragen aufkommen, der sich bei dieser Gelegenheit noch mit Namen vorstellt. Oder man solle seine Kolleginnen und Kollegen anhauen. Da ballt sich die Faust zwischen Tischplatte und Kinn.

Dann wird noch ausgeführt, welches der nächste Halt ist und wann wir den erreichen werden. Okay, wir sind mit Verspätung unterwegs, aber die wird auch im DB-Navigator angezeigt. Und zudem gibt es ja noch die Deckenmonitore. Die aber sind komplett außer Betrieb und leuchten nur blau. Mit so etwas haben wir uns längst abgefunden.

In richtigen Nachtzügen wie denen der ÖBB gibt es keine Durchsagen. Wer aussteigen will, stellt sich den Wecker im Handy, verdammt noch mal.

In richtigen Nachtzügen gibt es auch eine der Nacht angepasste Gastronomie. Mit Frühstück am Platz. Bei der Deutschen Bahn gibt es eigentlich auch einen Am-Platz-Service in der 1. Klasse. Aber da war bei der Bahn bestimmt eine Agentur im Spiel.

So wird es gelaufen sein beim Brainstorming in einem der DB-Tower in Frankfurt oder Berlin:

»Kinder, wie können wir die Nacht-ICE-Fahrt noch beschissener machen? Meinungen! Dietrich, Sie gucken so blöd, liegt Ihnen was auf der Seele?«

»Ja, Chef, ich denk mal nur laut: Also, sonst gibt es doch Frühstück im Nachtzug. Da-«

»Ja, und? Dietrich, kommen Sie zur Sache!«

»Ja, ich war, ich war nicht fertig. Wir könnten das Frühstück streichen.«

»Aha, okay. Was noch? Daniela?«

»Wir könnten immer zwischen Hannover und Spandau einen Trupp mit Baseballschlägern durchschicken.«

»Zu teuer!! Wir streichen das Frühstück. Aber das Licht bleibt an!«

Immerhin. Ohne Frühstück war mehr Ruhe. Der einzige Moment, in dem ein Mitarbeiter Interesse an mir zeigte, war der Moment der Ticketkontrolle. Er hätte mich bei der Gelegenheit doch fragen können, ob ich vielleicht Freude an einem Tee zum Einschlafen hätte.

Kostenpflichtig von mir aus. Aber das wäre dann schon wieder zu viel Eisenbahnnostalgie gewesen. Nein, nein. Bei der DB gilt offenbar: Mit solch einem Einlullservice können sich gern die Ösis bei den Kunden anbiedern. Wir nicht!

Dann die Sessel. Die ICE-Sessel sind für einen Hintern so wie eine Bowlingkugel aus Hüfthöhe für einen Fuß: nicht gut. Nachts jedoch sind die Sessel eine Art lederbezogene Schlafentzugfolter. Weder lässt er sich nennenswert zurückklappen, noch gibt es eine Nackenstütze, wie sie längst in den meisten Langstreckenflugzeugen üblich ist. Nämlich solche mit klappbaren Seiten, die den Schädel davor bewahren, auf nackenquälerische Art und Weise nach links oder rechts abzudriften, weil sich dies nach dem Aufwachen anfühlt, als hätte einem jemand mit der Metallkante einer Schneeschaufel einen übergebraten.

Die krumm und schief eingehakten Kopfkissen im ICE taugen als Kopfstützen in diesem Sinne nichts.

Also, ich hing da, mit Ohropax tief in den Gehörgängen gegen das Durchsagengedröhne, mit einer OP-Maske über den Augen gegen die DB-Scheinwerfer (OP-Masken sind erstaunlich lichtdicht), mit den Füßen (ohne Schuhe) zunächst auf dem Sessel gegenüber, dann mit den Schienbeinen an der Tischkante, dann mit den Waden auf dem Tisch, dann mit dem Gesicht unter der Armlehne an der Fensterseite, der Hüfte im Becherhalter zwischen den beiden Sitzen und den Socken unter der Lehne gangseits.

Warum nur kann ich nicht mit dem blanken Gesicht auf der Tischplatte einschlafen? Warum nur quetscht es mir die Schlagader ab, wenn ich meinen Hals auf der Armlehne ablege? Wieso nur pocht es so sehr, wenn ich mich mit den Augen auf die Fußrasten stütze? Ist es unhygienisch, wenn ich mich mit den Zähnen unter dem Mülleimer einklinke?

Als der Zugbegleiter kurz vor dem letzten Bahnhof durch die Gänge lief und nicht »Guten Morgen« rief, sondern: »So, dann mal langsam aufwachen«, fiel mir die DB-Losung ein: »Lohnt sich nicht.«

Hier schläft ja eh niemand. Und wir finden uns damit ab. Ein moderner DB-Nachtzug – der würde uns gut stehen. Wir sollten uns nicht einreden lassen, dass so etwas nichts für uns ist. Die Deutsche Bahn gehört schließlich uns.

Wir geizen mit den Konferenzkeksen

Im Büroalltag gelten bei uns ein Haufen Regeln. Viele davon sind unausgesprochen. Zum Beispiel: Wer so nett ist, für den gemeinsamen Arbeitsplatz eine Topfpflanze zu spendieren, muss sie natürlich auch selbst bis zur Rente gießen. Andere Regeln sind explizit, und zu diesen Regeln gehört: »Die Kekse sind nur für Gäste.«

Meiner Erfahrung nach gilt das eigentlich für jede Firma. Was sagt das über uns? Sind wir knapp bei Kasse? Geizig? Spaßbremsen? Es heißt doch immer, die Franzosen saufen mittags schon Rotwein in der Kantine. Und wir kriegen nicht mal einen Keks?

Die Kekse lagern in irgendeinem Büroschrank, für den ausschließlich die Assistentin der jeweiligen Abteilungsleitung den Schlüssel hat. Geht die in Urlaub, ist »Aushändigung Schlüssel Keksschrank« ein wichtiger Posten bei der Übergabe an die Vertretung. Wahrscheinlich gibt's dafür extra ein Ticket.

Der Zugang zur blauen Blechdose von Bahlsen mit den »leckeren Kaffee-Begleitern« oder zur grünen Blechdose von Delacre Tea Time »mit feiner belgischer Schokolade« oder der schwarzen Dose mit dem Herz mit der Best Selection von Henry Lambertz wird strengstens geregelt.

Steht dann einmal eine Schale mit Keksen auf dem Konferenztisch, obwohl ein internes Meeting ohne Gäste von außerhalb ansteht, dann gehen bei Kollegen mit Berufserfahrung sofort die Alarmlampen an. Denn das kann nur bedeuten:

1. Die Kekse sind von gestern übrig. Und die Praktikanten haben beim Aufräumen von der Assistentin die Anweisung erhalten: »Die restlichen Kekse könnt ihr stehen lassen. Irgendjemand frisst die morgen auf jeden Fall.« Überflutet von blanker Torschlusspanik, stopfen sich die Praktis zum Feierabend mit flacher Hand noch die letzten Kekse mit Schokoladenüberzug in den Mund, und zurück bleiben ausgerechnet die Dinger, die besonders gut Luftfeuchtigkeit ziehen. Also: Finger weg.
2. Kekse in der Konferenz, das könnte auch heißen: Die Mittagspause ist gestrichen. Die Konferenz wird länger. Da will sich die Geschäftsleitung nicht lumpen lassen: »Komm, Tanja, hol die Schatztruhe aus dem Büro. Fünfe gerade sein lassen.«
3. Die Kekse müssen langsam mal weg. Ich habe das schon erlebt. Plötzlich stehen stapelweise Süßigkeiten auf dem Tisch. Und wieder sind es die alten Hasen, die intuitiv die Verpackungen drehen und die Falze hochklappen. Aha, Mindesthaltbarkeit überschritten. Und der Chef strahlt: »Na und? Angegraute Schokolade – das ist nur Kakaofett. Die schmecken noch. Haut rein.« Wenn Wertschätzung auf Sparsamkeit trifft. Und da wundern wir uns, wenn die Leute die Vier-Tage-Woche fordern.

Den vollen Keksgenuss erleben wir in aller Regel nur, wenn Gäste von auswärts dabei sind: Kooperationspartner, Kunden, Bewerber. Und selbst dann muss man ja sagen: Voller Genuss geht eigentlich anders. Säße man mit einer guten Tasse Kaffee und diesen Keksen zu Hause auf dem Balkon, ja, da würde man versonnen vor sich hin knabbern und von Zeit zu Zeit mal neugierig auf dem Dosenboden überprüfen, wie dieser und jener Keks wohl heißt, der da gerade so lecker geknuspert hat. Aber kein Mensch kauft sich doch diese Kekse für zu Hause! Nein, das sind einfach Bürokekse.

Die werden dann entweder liebevoll aus dem passförmigen knarzigen Kunststofftablett gefummelt, in dem die Kekse einsortiert sind wie die Plättchen beim Spiel des Jahres von Ravensburger, und auf einem Teller drapiert (samt Fingerabdruck auf der Glasur). Oder wenn es mal wurscht sein darf, fliegt die Verpackung einfach so auf den Tisch (dann dürfen die Gäste sich über ihr Standing in der Firma Gedanken machen).

So liegen sie dann vor einem: die Ohne-Gleichen-Schokowaffel-Quadrate von Bahlsen und die Blätterteigovale mit dem umschlagbar zähen Marmeladenklecks, der einem jeden beliebigen Zahnzwischenraum luftdicht versiegelt, während einem die Krümel in die Speiseröhre wehen.

Die knackig zarten dicken Röllchen namens Cigarettes Russes von Delacre, an denen man einfach saugen *muss*, bevor man hineinbeißt.

Die Butterkekse mit dicker Schokoschicht, in die Ornamente oder Wörter wie Délichoc eingeprägt sind.

Und dann die zerbrechlich dünnen Teigplättchen mit Schoko und Kokosstreuseln, für die es sich kaum zu kauen lohnt.

Es gibt Firmen, in denen die Keksplatte freigegeben wird wie ein Büfett am 80. Geburtstag von Oma. Wenn also die Chefin dann gönnerhaft auf die Plätzchen zeigt, als hätte sie sie selbst bezahlt – was tun sie dann?

Es gibt den deutschen Konferenzkekstyp, der reckt sich sofort, ohne zu zögern, unter schwerem Stöhnen über die Tischplatte, sagt Dinge wie »Ach na ja, man gönnt sich ja sonst nichts« oder »Bevor's schlecht wird«, steckt sich den ersten Keks noch hängend über dem Tisch in den Mund und greift sich zwei, drei weitere, um sie sich neben dem Kaffee auf die Untertasse zu deponieren. Der Heute-ist-Schnitzeltag-in-der-Kantine-Typ eben.

Ganz anders die Leute, die die Initiative ergreifen, den Teller mit den Keksen zu sich heranziehen, selbst aber nichts nehmen, sondern das Gebäck nur herumreichen wollen. Die »Ganz weit weg von mir bitte«-Leute.

Aber manche sagen auch gar nichts und wirken dann so, als würden sie eher beiläufig eine Fliege verscheuchen. Weil Kekse für sie alles sind, nur eines nicht: Lebensmittel. Wenn man sich bei der Arbeit so ernährt, wird man nämlich dick. Das ist deren Botschaft. »Nee, hier mal ein bisschen, da mal ein bisschen. Das läppert sich.«

Wer als Nächster in der Reihe dann noch zugreifen möchte, benötigt dann schon Argumente: »Komm, her damit! Ich kann's mir erlauben.«

Und dann die, die mit zuckenden Fingern über dem Teller kreisen und jede Aufmerksamkeit auf sich ziehen, wenn sie während der laufenden Powerpoint-Präsi vom Junior Manager flüstern: »*Nomnomnom*, die sehen ja alle so gut aus. Hach, herrlich, welchen nehm ich denn? Ach, ich nehm einfach mal den!« – Aha, danke für die Info! Ist notiert.

Und die, für die Essensaufnahme auch immer die Gelegenheit ist, den eigenen Lifestyle zu promoten: »Sind da auch diese Mürbeteigplätzchen in Nierenform mit der Cafécreme und den Bitterschokoladensplittern dabei? Die kenne ich aus Paris. Nein? Nee, dann will ich keine.«

Und schließlich die verkrampften Taktiker: Nimmt der Chef, nehm ich auch. Dann haben wir was Gemeinsames. Beliebtes Vorgehen unter unsicheren Bewerbern im Vorstellungsgespräch. Dumm nur, wenn der Chef allen anderen bei den Keksen den Vortritt lässt.

All das passiert in deutschen Unternehmen aber eben nur, wenn der Blechdeckel wirklich mal gelüftet wird. In der Regel bleiben die Dosen unter Verschluss. So werden Kekskrümel auf dem Businesshemd zum Statussymbol, das man stolz durch die Flure trägt: Mein Chef gibt mir Kekse! Diese Art von Wertschätzung ist allemal billiger als ein Firmenwagen.

Leute, wir brauchen Rotwein in unseren Kantinen. Viel! Wir machen uns doch sonst nur wieder lächerlich.

Küche für 42 000 Euro, aber kein Ei aufschlagen können

Kaum etwas zerreißt uns Deutsche in Ernährungsfragen so wie die zwei Aspekte:

1. Vapiano verbieten – ja oder nein?
2. Wie viel Geld rausballern für unsere neue Küche?

Wobei die zweite Frage eigentlich gar keine echte Frage der Ernährung ist. Sondern eine Frage von Prestige. Hierzulande können die Menschen ja bestens trennen zwischen Küche und Kochkunst. Oft verhält es sich geradezu gegenläufig proportional: Je weniger Ahnung von Kochen, desto teurer die Küche. Die hübschesten Einbauweinkühlschränke mit Panoramascheibe, warmweißer Innenbeleuchtung und Holzeinlegern haben die, die glauben, Weine mit Schraubverschluss seien Fusel.

So ist eines der teuersten Ausstattungselemente eine deutsche Erfindung: der Thermomix von Vorwerk. 1300 Euro. Eine Küchenmaschine zum Preis einer Fernreise – für Leute, die nicht mit Liebe kochen oder die sich einfach nicht den Unterschied merken können zwischen einem Pfund gemischtem Hack und einer Mandarine.

Kein Grund, sich darüber zu erheben. Wer über den Thermomix spottet, lacht auch über Menschen, die im Restaurant »die 64« bestellen statt »Palak Gosht (leicht scharf) nach Punjabi-Art gegart«.

Der Thermomix und die 64 sind effiziente Zeitsparer, aber eben auch Ausdruck einer gewissen Überforderung mit dem, was man sich einzuverleiben gedenkt.

Und damit sind wir beim Punkt. »Die 64« zu sagen, kostet nix. Aber eine mittelgroße Siematic-Luxusküche kostet 40 000 Euro. Das ist viel Geld, um einmal pro Jahr die neuen Freunde aus dem Pauschalurlaub staunen zu lassen darüber, welchen vermeintlichen Stellenwert das Handwerk Kochen im eigenen Leben einnimmt. Angeben geht auch billiger. In anderen Kulturen etwa werden Ferraris für ein verlängertes Wochenende gemietet, um dann am Sonntag vierzigmal um die Eisdiele zu brummeln. Das kostet einen Bruchteil, und die Beifahrerin denkt trotzdem: *Wir haben es zu was gebracht. Und alle können es sehen.*

Ich kenne jemanden, der hat rund 25 000 Euro für eine Küche made in Ostwestfalen hingeblättert und sagt: »Mein Lieblingsrezept ist Spaghetti mit frischer Zitrone, Olivenöl, Knoblauch und Salz.« Ja, Leute, um das zu kredenzen, reichen ein Messer und ein Campingkocher von Otto.

Die Bangkoker Straßenköchin Jay Fai hat sich einen Michelin-Stern erkocht. Mit Skibrille über dem Funken sprühenden Holzkohleeimer. Ganz ohne Küche made in Germany.

Wir aber pflegen unser Mantra namens *deutsche Wertarbeit.* »Des isch Qualität, weisch, do häsch ebbes fürs gonze Läbe!« Die Küche ist als Statussymbol relevant, aber als Werkstatt so unwichtig, dass man sie sich nach dem Kauf ein Leben lang aus dem Kopf schlagen möchte.

Ich bin küchenmäßig ein Zwitterwesen. Einerseits: Meine Eltern haben sich einst eine Küche mit einer in einer Schublade integrierten elektrischen Brotschneidemaschine gekauft. Das nerdige deutsche Ding funktioniert seit bald 40 Jahren. Und ich bin erwachsen geworden mit wie am Lineal entlanggeschnittenen Brotscheiben. Mit mir an der rotierenden Klinge: »Wie dick wollt ihr euer Brot heute?«

Papa: »7 Millimeter.«

Schwester: »Ich vier.«

Mama: »Ach egal. Ich sag heute mal fünf.«

Ja, wie soll man da mit einer Ikea-Küche glücklich werden? Eine Nation, die sich auf die Fahnen schreibt, die Welt mit Premium zu versorgen, kann doch selbst nicht mit METOD zufrieden werden.

Das größte Kompliment, das Sie für eine Ikea-Küche bekommen können, lautet: »Ikea? Ach, sieht man gar nicht.«

Die Ikea-Küche gilt hierzulande als ewiger Kompromiss.

Mich zerreißt es da. Wegen der anderen Seite meines Küchenzwitterschicksals: Als halber Schwede fließt mir sozusagen Formaldehyd durch die Adern. Ich bin damals im Kinderzimmer mit der Ikea-Spanplatte furniert aufgewachsen. Bis heute halte ich mir die Rückfalloption offen: »Dann halt doch zu Ikea.«

Nun ist es wieder passiert. Es stand bei einem Umzug eine neue Küche auf dem Zettel. Und weil wir uns zur Familienlebensphilosophie gemacht haben, Statussymbole nur insoweit an uns heranzulassen, wie sie einen objektiv messbaren Mehrwert liefern, haben wir uns gesagt: Wir wagen METOD.

Kinners, wir müssen hier und jetzt über das Phänomen Ikea-Küche sprechen, um den deutschen Küchenwahn zu verstehen. Den so teuren Küchenwahn, der Familien davon abhält, auf Traumreisen gemeinsam die Welt zu entdecken. Und ich greife bei der Pointe vor: Die Schweden sind an allem schuld. Ikea bohrt und schraubt und hämmert uns das alte Vorurteil knarzfest ins Hirn: Mist! Made in Germany wäre doch besser gewesen.

Alles beginnt bei der Planung. Wenn man in diese Küchenplanungshinterzimmer geführt wird, in die wir als Kinder immer nur einen neugierigen Blick werfen konnten: Was machen die da hinter der Schwingtür?

Jetzt weiß ich es: Sie zeigen den Kunden, dass die Ikea-Küchenplanungssoftware nichts taugt.

Und das, obwohl wir daheim am Onlinekonfigurator schon vorgebastelt hatten. Wir hätten alles gern noch fleißiger als eh schon (drei Stunden) vorbereitet, aber die Software wollte uns partout eine 30-Zentimeter-Lücke in der Küchenzeile mit einem 20-Zentimeter-Schränkchen und einer 10-Zentimeter-Blende vollballern anstatt mit dem ebenso lieferbaren 30er-Schränkchen.

Nach stundenlanger Heimarbeit am Laptop und zwei Präsenzterminen in der Küchenplanungslounge war die METOD-Küche dann endlich fertig. Strahlend weiß mit dunkler Arbeitsplatte und Panel. Letzte Frage: »Wollt ihr nicht doch eine Ikea-Spülmaschine kaufen?« – »Nö, wir nehmen den Sieger der Stiftung Warentest.« – »Seid ihr sicher, dass die passt?«

Nein, sie passte nicht. Denn Ikea leistet sich mit seiner Marktmacht ein Sondermaß in der METOD-Unterschrankhöhe, das kaum eine Spülmaschine bedient. Die knallen dann mit der Unterseite ihrer Türen beim Öffnen unten dran und gehen nicht richtig auf. Außer die von Ikea und einige Maschinen etwa von deutschen Herstellern, die sich auf dieses Antinormmaß eingelassen haben.

Und dann der Moment der Wahrheit in der Planungslounge. Der Druck auf den Knopf. »Ich bestätige jetzt diese Konfiguration und dann mal sehen.«

»Wie: mal sehen?«

Nach rund 45 Sekunden Rechenzeit, in der das Ikea-System offenbar sämtliche Lager Deutschlands durchforstet hatte, dann das Resultat: Eine Schublade war nicht lieferbar.

»Das ist ein ungewöhnlich guter Wert«, flötete unser Berater begeistert.

»Ja, aber ohne Schublade hat unsere Küchenfront ein Loch!«, wandte ich ein.

»Das ja«, sagte unser Berater.

»Und jetzt?«, fragte ich.

»Ihr könnt das irgendwann nachbestellen.«

Ist das geil? Wir kaufen eine Küche für einen hohen vierstelligen Betrag und können uns dann selbst um die fehlenden Teile bemühen. Denn: Wir kaufen hier nicht unsere wunderhübsch zusammengestellte Traumküche. Wir bestellen Dutzende Teile. Um die 120 Stück. Und wenn eines nicht lieferbar ist, dann gilt das berühmte Ikea-Prinzip: Sie gucken online, Sie wandeln durch die Ausstellung, finden, dass dieses Schuhegal und dieses Kissen ganz toll auch Ihre Wohnung aufmöbeln würden, dann erkundigen Sie sich nach dem Fach im Hochregal, gehen schnell noch ein paar Plantbullar und Lachs im SB-Restaurant essen und besprechen, wer wann was demnächst aufbaut, und dann marschieren Sie mit dem rappelnden Tiefladerwagen zu Regal 12, Fach 76 und blicken in gähnende Leere. Beim Ikea-Einkaufserlebnis lauert die Enttäuschung am Schluss. Bei Küchen macht Ikea keine Ausnahme. Und sorgt für das Was-machen-wir-hier-eigentlich-Frustgefühl. Nach Stunden des Planens: ausverkauft.

»Entweder kommt ihr noch mal her und holt es ab« (Ikea liegt niemals zentral) »oder ihr lasst es euch liefern.«

»Aber kostenlos dann ja wohl?!«

»Nein, da fallen dann Liefergebühren an.«

55 Euro on top! Weil Ikea nicht liefern kann. Ich bin sehr gut darin, vor Verkaufsfachpersonal den Kunden zu geben, der daran zerbricht, vom König zum Deppen degradiert zu werden. Warum bin ich so gut? *Weil ich es wirklich so fühle!*

Am Ende hatten wir wenigstens die Liefergebühren hinausverhandelt.

Der erste Schwung der lieferbaren Teile wurde dann an die Rechnungsadresse geliefert. Nicht an den Ort mit der meterlang klaffenden Lücke im Küchenbereich. Leider ließ sich die falsche Adresse vorab nicht so einfach korrigieren.

»Das lässt das System nicht mehr zu. Das müssen Sie am Telefon machen.« Und selbst das hat nicht funktioniert. Da half kein Erinnern, kein Flehen.

Am Ende haben wir die falsch gelieferten Teile eigenhändig mit einem Mietwagen an die richtige Adresse gefahren.

Und dann fehlte noch: die eine verdammte Schublade. Was half uns die mit feurigem Kundenverve ausgehandelte kostenlose Nachlieferung, wenn Ikea die gar nicht lieferte? Uns blieb nichts anders übrig, als für die in Berlin aufgebaute Küche in die Filiale nach Köln zu fahren, um die dort erhältliche (aber nicht lieferbare!!!) Schublade eigenhändig abzuholen. Es ist leider die Wahrheit.

Euros gespart, mit Nerven bezahlt. Eigentlich hatten wir uns vorgenommen, unsere ruinierten Psychen zu heilen, indem wir als Kompensation für den Extraaufwand im Ikea-Restaurant 6000 Liter Preiselbeerlimo aus einem Refill-Glas trinken. Sozusagen als König Kunde. Und doch hallte es am Ende durch unsere neue Küche: »Das war das letzte Mal. Das nächste Mal eine aus Ostwestfalen.«

Was diese Erkenntnis unsere Gesellschaft in Summe kostet! Danke, Ikea.

Wenn hier etwas gaga ist, dann unser Ton auf »Kleinanzeigen«

Wäre der private Onlinemarktplatz »Kleinanzeigen« (ehemals eBay-Kleinanzeigen) ein echter Laden, dann fiele sofort auf: Das Kunden-Verkäufer-Verhältnis ist ziemlich gestört. In einem echten Laden würde es in etwa so ablaufen:

Kunde kommt herein: »Guten Tag, ist der Retrokühlschrank noch zu haben?«

Verkäufer: »Ja.«

Kunde verlässt wortlos den Laden und ward nie mehr gesehen.

Unhöflich? Oder gar plemplem? Bei »Kleinanzeigen« ist das der übliche Umgang. Da laufen die Chatdialoge dann so ab, wie ich es erlebt habe, als ich meine Sofalandschaft (ja, heißt halt so) verscheuern wollte – für 1800 Euro als Verhandlungsbasis:

»Welche finale Preis?«

»Verhandlungsbasis. Machen Sie gern ein Angebot.«

»300, letzter Preis. Schwager holt ab.«

Als ich ein Bett verkaufen wollte:

»Wann kann ich abholen?«

»Ich bin ab 19 Uhr zu Hause.«

»Geht auch 15 Uhr?«

»Nein.«

»17 Uhr?«

Oder:

»Okay, 50 Euro. Einverstanden. Ich möchte das Regal unbedingt haben. Aber ich kann leider nicht selbst kommen. Meine Schwester würde das morgen erledigen. Okay?«

»Okay, gern. Wann kommt sie?«

»Passt 20 Uhr?«

»Alles klar.«

Am nächsten Nachmittag: »Meine Schwester könnte auch gleich schon um 18 Uhr. Okay?«

»Kein Problem. Ich bin zu Hause.«

Danach nie wieder etwas gehört. Obwohl ja eigentlich längst ein Kaufvertrag zustande gekommen war. Denn als solcher gilt eine schriftliche Zusage per E-Mail oder gar das beim Telefonat Abgesprochene.

Online finden sich diverse Screenshots von Dialogen im Stil von:

»Bringen Sie mir die Paletten nach Dortmund.«

»Nein.«

»Doch tun Sie.«

Die Onlineverrohung infolge der Anonymität ist so weit fortgeschritten, dass selbst dann keine Hemmungen mehr herrschen, wenn eine persönliche Begegnung droht. Wenn nicht mehr zählt: Was denkt der andere über mein Verhalten? Sondern: Mache ich mich schadensersatzpflichtig?

Es zählt die Sanktionierbarkeit. Und ich wage die Schlussfolgerung: In einer Gesellschaft, in der nur interessiert, ob es für einen selbst Ärger geben kann, funktionieren die Konzepte von Parkverbot über Selbstscannerkassen bis Steuererklärung nur, wenn diese Egoisten dabei durchgängig von der Panik getrieben werden, nicht erwischt zu werden. Zusammenhalt durch Rücksicht ist bei vielen durch.

Aber nicht bei allen. Es zeigt sich im Kleinen, dass wir das kollektive Abschmieren locker aufhalten können. Wenn wir lesen:

»Was kostet denn der Versand?«

»Weil bald Weihnachten ist: Versand inklusive.«

Sorry, dass wir was bestellt haben!

Die Umstände einer Paketzustellung sind mittlerweile so prekär, dass man es nicht mehr übers Herz bringt, die Boten für das Chaos anzumeckern. Man rutscht heulend auf den Knien und bittet um Vergebung für die Bestellung.

Es kursieren ja die dollsten Zustellgeschichten im Netz. Wie etwa die eines Paketempfängers, der aus dem soundsovielten Stock von seiner Wohnung aus den Paketboten dabei beobachtet, wie der die heiß ersehnte (aber nicht ganz leichte) Büchersendung entlädt, um sie dann zuzustellen. Der Bote zieht das Paket an die hintere Kante des Lieferwagens, hebt es kurz an, setzt es wieder ab und schiebt es zurück ins Auto. Kurz darauf liegt im Briefkasten des Empfängers ein Zettel: die berühmte Abholaufforderung. »Wir haben Sie nicht angetroffen …«

Dass das oft gelogen ist, wissen wir. Das ist mal wieder diese anekdotische Evidenz: Wir wissen eben, dass wir zu Hause waren. Wir wissen, dass die verdammte Klingel nicht kaputt ist. Und nein, wir haben uns *nicht* gerade die Haare geföhnt und deshalb die Klingel überhört.

Vor einiger Zeit hatte ich dann die Nase gestrichen voll. Zufälligerweise sah ich vom Balkon aus, wie ein Lieferfahrzeug (jetzt mal egal ob gelb, braun, weiß-blau oder sonst wie lackiert) vor meiner Tür anhielt. Wie ein junges Reh sprang ich vor Vergnügen auf. Denn das, was ich erwartete, erwartete ich doll. Und laut der Amazon-Zustellgarantie wusste ich: Zustellung heute, sonst zieht die Garantie.

Doch als ich sah, dass der ungestüme Bote wieder in sein Auto stieg, ohne bei mir geklingelt zu haben, mutierte ich innerhalb von Sekundenbruchteilen vom jungen Reh zum weidwunden Grizzly. Brüllend und zähnefletschend schoss ich zum Aufzug und nutzte meine Chance: Der Bote hatte einen entscheidenden Fehler gemacht. Er hatte mir die »Abwesenheitsnotiz« in den Briefkasten geworfen und war dann mit seinem Auto nur etwa dreißig Meter weitergefahren, um dort am Nachbarhaus mutmaßlich den nächsten Stapel Lügenpost einzuwerfen.

Ich hielt den Beweis für seine Niedertracht in meinen zitternden Händen: *Jetzt habe ich dich.*

Mit der Vorahnung des Triumphs über das verrottete Zustellsystem hastete ich dem morallosen Faulpelz hinterher, erreichte das von ihm verlassene Auto, wischte mir den Schaum mit dem Ärmel vom Mund, versuchte mit einem schnellen autogenen Training meinen Puls und meine Atemfrequenz auf »Nichts anmerken lassen«-Niveau herunterzufahren, als der Verbrecher beschwingten Schrittes und mit leerem Sackkarren auf mich zugewandert kam.

Ich sage mit einem Lächeln, das hoffentlich an das eines weißen Hais erinnert: »Guten Tag, haben Sie mir das eben eingeworfen?«

Ich wedele mit dem Zettel und halte mit der anderen Hand mein Handy so vor die Brust, dass sich der Mann nicht sicher sein kann: Kommt das kleine Stelldichein gleich auf Tiktok? (Kommt es nicht, wie soll ich bei all der Erregung noch einen investigativen Beitrag mit versteckter Kamera eintüten?)

Sagt er: »Ja.«

Ich sage: »Ja, aber ich war zu Hause.«

Sagt er: »Ich habe aber geklingelt.«

Ich sage: »Nee.«

Er so: »Ich dachte aber, schon.«

Ich so: »Ich habe einen Zeugen. Und ich habe mir auch nicht die Haare geföhnt. Und der Zeuge auch nicht.«

Da blickt mich der Bote mit einem herzzerreißend reuigen Gesichtsausdruck an und sagt: »Es tut mir leid. Sie haben recht. Aber wenn ich alles immer zustelle, dann schaffe ich einfach mein Pensum nicht.«

Nun weiß ich bis heute nicht, wie viel dieser mich entwaffnenden Vorwärtsverteidigung der Tiktok-Angst geschuldet war. Aber in diesem Moment mutierte ich vom Grizzly zum zahmen Meerschweinchen und sagte: »Ich verstehe ja Ihre Lage. Aber ich brauche dieses Paket.«

Ich habe es dann doch noch in die Hände gedrückt bekommen – für den Preis einer durch Bluthochdruck erzeugten Lebenszeitverkürzung von mindestens einer Stunde.

Aber die Zeit war gut investiert. Seitdem blicke ich anders auf die Branche. Mit – na ja, irgendwas mit Wohlwollen. Was nicht immer leicht ist. Vor ein paar Monaten war ein Bote versehentlich eine Etage zu früh aus dem Aufzug gestiegen, kam dann mürrisch das eine Stockwerk halb hochgestapft, warf das Paket von der Zwischenebene des Treppenhauses auf den ersten Treppenabsatz hinauf – mir in fünf Meter Entfernung vor die Füße – und rief irgendetwas, das wie ein mit Tschüss abgerundeter russischer Fluch klangt.

Das ist dann die sogenannte Zustellung an der Wohnungstür. Erst maulte ich in meiner Muttersprache zurück. Ich meine, es war etwas mit »Sorry, dass ich was bestellt habe«. Es könnte jedoch auch etwas mit »Zumutung für Ihre Firma und uns Kunden« gewesen sein.

Was ja falsch ist. Denn oft sind eben die Arbeitsbedingungen der Logistiker eine Zumutung für Kunden und Boten.

Zufälligerweise haben sich vergangene Woche zwei Freunde von mir zwei Haushaltsgroßgeräte liefern lassen. Weißware, wie es heißt. Die beiden kennen sich gar nicht. Zwei Wohnungen. Zwei Städte. Der eine eine Spülmaschine, der andere einen Waschtrockner. Beide beim selben großen Onlineversandhändler.

Mit der Spülmaschine (Standardgröße!) lief es so: Der Bote hat sie ganz allein (ganz allein!) in der Originalverpackung auf seinem Rücken bis in den fünften Stock getragen (Berliner Altbau, enges Treppenhaus, natürlich ohne Lift). Ich wusste gar nicht, dass ein menschlicher Körper zu so etwas imstande ist. Und mein Freund hatte noch nicht einmal einen kleinen Schein fürs Trinkgeld – was einem schon als Außenstehendem unangenehm ist. Und ihm erst: »Haben Sie Paypal?«

Aber so arbeiten die Leute da. Ein Knochenjob! Dass die nicht erst mit 68 in Rente gehen wollen, ist irgendwie klar.

Dann der Waschtrockner: 1970er-Jahre-Bau ohne Lift, vierter Stock. Freund Nummer 2 hatte extra den berühmten Tag Lieferurlaub genommen. Denn die in der Bestellung enthaltene Gratiszustellung zum Wunschtermin sollte zwischen 7 und 19 Uhr erfolgen. Genauer ging es nicht. Bestimmt aus logistischen oder operativen Gründen. Das wird es gewesen sein.

Und dann kam der Waschtrockner: gar nicht. Also nicht an diesem wunderschönen Lieferurlaubstag, dem Blöd-zu-Hause-rumsitz-Tag.

Ein Blick in die Benachrichtigungen zur Gratiswunschterminlieferung brachte Klarheit: Nach dem Kauf war der mitgebuchte Wunschtermin unversehens zum »voraussichtlichen Liefertermin« verkommen.

Am Wunschtermin selbst dann der Hinweis: »Wir können Ihren Wunschtermin nicht halten.«

Hupps?

Die Rücksprache mit dem Callcenter ergab: Es war alles mal wieder Mist.

»Ja, das ist schiefgelaufen. Das tut mir leid. Am Wunschtermintag kann der Logistiker gar nicht zustellen.«

»Ach, das ist ja ungünstig. Was ist denn der Wunschtermin wert, wenn er einfach so nicht eingehalten wird?«

»Na ja, ich habe ja gesagt, es tut mir leid.«

»Ja, das ja. Das ist sehr mitfühlend von Ihnen. Aber wie entschädigen Sie mich denn jetzt für den verlorenen Urlaubstag?«

»Na ja, ich verstehe Sie. Ich kann Ihnen einen 20-Euro-Einkaufsgutschein anbieten.«

20 Euro für einen Tag Urlaub. Das ist der Moment, da ich mir an der Stelle meines Freundes beim Telefonieren hätte in die Hand beißen müssen, um nicht rhetorisch abzudriften. TUI zahlt da mehr Entschädigung.

Tage später kam der Waschtrockner doch noch. Einen Tag früher als angedroht. Nachdem Freund Nummer 2 am Telefon beim dritten Anruf etwas lauter geworden war, um klarzustellen, dass er sich nur ungern auf der Nase herumtanzen lasse und außerdem keine frisch gewaschenen Unterhosen mehr parat habe.

Das zog offenbar.

Na ja, angekündigt war: Lieferung bis zum Aufstellort. Also dem Waschmaschinenanschluss in der Wohnung. Da kam eine SMS: »Der Fahrer benötigt Hilfe bei der Zustellung.«

Es kam nur *ein* Fahrer. Nennen wir es Fachkräftemangel, mein Freund nannte es: »Diese Personalplanungsgeizhälse da in ihren Elfenbeintürmen. Beim Backofen damals der gleiche verdammte Zirkus.«

Und weil Waschtrockner anders als Spülmaschinen extra mit Beton beschwert werden, damit sie beim Schleudern nicht aus dem Fenster hüpfen, muss jeder Fahrer, der nicht mit 41 in Rente gehen möchte, solch einen Hilferuf per SMS absetzen.

Es sei denn, er hätte das entsprechende Gerät, wie etwa elektrisch unterstützte Sackkarren mit sechs Rädern zum Treppensteigen. Hatte er aber nicht. Denn das Logistikunternehmen setzt auf die preisgünstige Muskelkraft der Kunden. Merke: Nicht gebrechlich sein, wenn Sie in Deutschland einen neuen Waschtrockner wünschen.

Was ich damit sagen will: Die Boten machen oftmals nur deshalb einen schlechten Job, weil es nicht besser geht. Das System funktioniert nicht. Wir haben es kaputtgespart. Weil wir es billig wollen, müssen wir nicht nur mit besagten Abwesenheitslügen leben:

- Die Logistiker wollen ihr niedriges Porto halten, weil sonst die riesigen Onlinehändler eigene Lieferdienste aufbauen. Dazu braucht es auf Kante genähte Zustellprozesse, bei denen die Nähte dann aber oftmals krachen. Pakete abgelegt im Regen, Pakete im Matsch, im Frost, in der prallen Sonne oder niemals abgelegte. Wenn wir es besser wollen, müssen wir bereit sein, für mehr Personal höheres Porto zu bezahlen.
- Wir leiden unter dem Zweite-Reihe-Parken der Lieferdienste, weil wir uns nach 20 Jahren des regen Onlinehandels immer noch keine ordentlichen Lieferdienststellbuchten geleistet haben. Geben wir also Parkraum für Lieferdienste frei.
- Mangels exzellenter digitaler Services gibt es statt kurzer Nachrichten aufs Handy immer noch handschriftlich gekritzelte Zettel: Paket abgegeben bei irgendeinem unbekannten Nachbarn namens *Hr. Svctrbjket* eine Straße weiter ohne Hausnummer. In einem besseren Deutschland ginge das alles längst allein per App.

Wollten wir weiter Geschenke online shoppen, ohne uns für die miesen Arbeitsbedingungen des Boten zu genieren, dann bräuchten wir ein sozialverträgliches Liefersystem, ordentlich verzahnt mit unserem

Straßenverkehr, unserem digitalen Alltagsleben und unserem Nervenkostüm. Nur über aussterbende Fußgängerzonen zu weinen, gestaltet uns nicht die Zukunft. Meine Meinung. Frei Haus.

Das deutsche Gastroprinzip in Zeiten fehlender Fachkräfte: Bist du devot, ist der Kellner lieb zu dir

»Zwei Espressos, bitte.«

»Zwei Espressi? Gern.«

Sie wissen, was ich meine. Es wird immer doller: Wir Gäste entwickeln das Gefühl, es dem Personal recht machen zu müssen. Da ist Fingerspitzengefühl gefragt. Weil Ihr Kellner sonst noch vor dem Dessert kündigt und Lokführer im Quereinstieg wird oder so.

Das Zwischenmenschliche leidet deshalb irgendwie. Es kommt in Cafés, Restaurants und Bars auf das Zusammenspiel von Gästen und Personal an – und der Erfolgsdruck lastete bislang nicht auf uns Gästen. Wir konnten jederzeit unser jahrelanges Lieblingscafé spontan zum Hassort erklären, in den wir nie wieder einen Fuß setzen würden.

Auf den Kellnern lastete einst die Verantwortung für den Erfolg des ganzen Ladens.

Der deutsche Witz ist: Es fühlt sich mittlerweile oft umgekehrt an. Wenn die Gäste dem Personal nicht passen, dann haben sie verkackt, wie man heute so sagt, nicht wahr? Das gilt natürlich nicht immer und überall. Aber gefühlt immer häufiger. Spüren Sie das auch?

Das Kunde-ist-König-Prinzip ging mal so: Ihr Steak ist etwas zu durch, aber der Kellner hat einen unwiderstehlichen Charme? Wer kann da schon wirklich böse sein. Das Steak ist auf den Punkt, aber der Kellner hat offenbar Karrierepläne, zu denen Sie nicht passen? Der Laden hat sich erledigt.

Die Gäste kamen wegen der Karte, der Lage, der Inneneinrichtung. Aber sie blieben weg wegen der Kellnerinnen und Kellner.

Und heute? Ich kam zum ersten Mal ins Zweifeln, als ich vor einiger Zeit in einem Kölner Café einen Chai Latte bestellte. Oder bestellen wollte. Denn die Kellnerin wirkte, als hätte sie sich verlaufen.

»Welche Sorten Chai Latte haben Sie denn?«

»Das ist so'n Pulver.«

»Okay, aber ich meine, welche Geschmacksrichtungen? Ich sehe ja von hier aus mehrere Dosen hinter der Theke im Regal. Haben Sie was Zuckerfreies?«

Sie zog ihre sehr dünn gezupften Augenbrauen hoch: »Äh? Ist das alles Chai-Latte-Pulver? Keine Ahnung.«

Das Problem ließ sich nicht lösen. Früher hätte man gedacht: Wieso schmeißen die die nicht raus? Heute beglückwünscht man die Inhaber dafür, dass das Personal immerhin nicht direkt handgreiflich wird.

Der Kellner, der im Grillrestaurant auf den Hinweis »Die Ananasscheiben auf meiner Käseplatte sind ja braun und verfault« antwortet: »Die isst man doch eh nicht mit.«

Die Kellnerin, die am Kölner Friesenplatz sagt: »Unser Kartenlesegerät ist heute kaputt. Da müssen Sie zum Geldautomaten gehen. Wenn Sie jetzt losgehen, sind Sie in einer Viertelstunde wieder da«, anstatt eine Rechnung auszustellen, die der Gast später online begleicht.

Der Kellner im ICE, der dem Gast in der 1. Klasse (»Dürfte ich bitte ein Weizenbier haben?«) zurechtweist: »Ich habe vor fünf Minuten extra gefragt, wer was will.« Ach? Da war ich noch gar nicht eingestiegen.

Oder vergangenen Sommer beim Spanier in Berlin-Kreuzberg: »Bringen Sie uns zum Wein bitte noch ein bisschen Leitungswasser?« – »Nein, das machen wir nicht mehr.«

Man blamiert sich als Gast, wenn man in Deutschland internationale Gepflogenheiten voraussetzt. Bei uns ist der Gastgeber König. Das Lufthansa-Prinzip: Finde dich mit uns ab, oder lass uns in Ruhe.

Die Gastronomen finden einfach keine besseren Leute. Sagen die ja selbst. Und ja, es gibt ganz viele gute Leute in der Gastro. Aber der Fachkräftemangel, der Fachkräftemangel. Entspannter Service ist mittlerweile oftmals im Preis nicht mehr mit drin. Service mit Charakter, Charme und Herzblut – da trennt sich die Spreu vom Weizen. Und es bleibt immer mehr Spreu.

Es gibt in Deutschland nur eine Lösung: Wir müssen uns mit Kellner und Kellnerin gut stellen. Emotional in Vorleistung gehen, um die Schwächen des ausgebluteten Systems zu kompensieren. Schleimen wir uns ein. Machen wir dem Personal das Leben schöner. Zeigen wir uns fröhlich, interessiert, und plaudern wir eher einen Satz mehr, als nur mit dem Finger auf die Gerichte auf der Karte zu zeigen. Halten wir die Kellnerin und den Kellner bei Laune. Damit der Service stimmt. Das kennen wir ja hierzulande schon von Hotlines, Behörden, Vermietern und Arztpraxen. Das haben wir drauf.

Deshalb: Bestellen Sie in einer Bodega in Köln »zwei Espressos«, und wenn der Kellner sagt: »Zwei Espressi, gern«, dann beißen Sie sich ab sofort auf die Zunge, halten Sie den Finger in die Kerze, drücken Sie sich unterm Tisch den Haustürschlüssel ins Knie. Aber sagen Sie niemals: »In Deutschland kann man ganz offiziell auch Espressos sagen, weil es das Plural-i im Deutschen nicht gibt.«

Heute können wir froh sein, wenn wir für dieses altertümlich aufmüpfige Kundengebaren nicht in der Küche spülen müssen.

Chaos durch Falschparker-Asis: Wir müssen das Verpfeifen neu lernen

Friedrich Merz hat 1997 dagegengestimmt, dass Vergewaltigung in der Ehe ein eigener Straftatbestand wird. Ist das krass? Ich sag's nur. Damals war ja das Argument der Gegner des Frauenschutzes: Wir wollen den Eheleuten nicht ins Schlafzimmer gucken. Lasst die Leute doch in Ruhe machen.

Was nichts anderes heißt als: Augen verschließen vor dem Unrecht. Und noch schlimmer: Nach der Logik sind die, die die Missstände anklagen, die wahren Störenfriede. Ist das nicht widerlich?

Vergewaltigung in der Ehe ist heute trotz des Widerstandes von Friedrich Merz strafbar. Worauf ich hinausmöchte: Diese Grundhaltung, dieses »Lasst die Leute doch machen, auch wenn es Unrecht ist« sitzt in unserer Gesellschaft tief. Wer dafür ist, dass demokratisch legitimierte Gesetze im Interesse der Allgemeinheit durchgesetzt werden, gilt den Lasst-die-Leute-machen-Fans schnell als Polizeistaatfanatiker. Mal ein Beispiel:

Falschparkegoisten lassen jeden Tag Tausende Autofahrer im Stau stehen, zwingen Radfahrer zu gefährlichen Spurwechseln und nehmen Fußgängern die Sicht. Vor Anzeigen schrecken viele Ausgebremste jedoch zurück. Weil sie keine deutschen Spießer sein wollen. Aber ich frag mal so: Wäre das nicht sogar sehr sozial? Einfach mal gemütlich per App eine Anzeige raushauen. Trauen wir uns das?

Die Situation ist die: Ich habe mir schon vor langer Zeit die App »weg.li« (ehemals »Wegeheld«) heruntergeladen. Mit der kann man Falschparker ganz einfach anzeigen. Und ich habe die App niemals eingesetzt. Weil ich kein Spießer sein will. Andererseits: Die Falschparker sind doch die Asis! Himmel, diese zwei klopfenden Herzen in meiner Brust bringen mich noch um. Denn: Meine Eltern haben mir schon als Kind eingeimpft: Man ruft nicht die Polizei, sondern man sucht das persönliche Gespräch. Äußerstes Mittel: mit der Polizei drohen. Doch die Androhung allein bringt ja offenbar nichts.

Gerade im Straßenverkehr gilt heute das Prinzip Kavaliersdelikt. Schon wieder die Extrawurst für den Testosteronbolzen, der sich nicht im Griff hat. Davon geht doch die Welt nicht unter! So ein bisschen rasen, drängeln, scheiße parken – das ist einfach Ausdruck von Selbstbewusstsein. Der hat halt Feuer. Da lebt jemand, lasst ihn. Wer ewig nach einem Parkplatz sucht, statt sich ins Halteverbot zu stellen, der hat wohl zu viel Zeit in seinem unerfüllten Schlaffileben. Und wer in der 30er-Zone 30 fährt, gut, der hat natürlich einen an der Klatsche.

Dass regelkonformes Fahren in Deutschland eigentlich nicht wirklich erwartet wird, zeigt sich bislang auch an der Höhe der Bußgelder. Wer etwa in zweiter Reihe parkt, was den Feierabendverkehr für Hunderte von Menschen um nicht enden wollende Minuten zwischen Abgasen und Lärm verlängern kann, zahlt bislang 55 Euro. Wer auf dem Radweg parkt, auch. Mit Behinderung anderer Verkehrsteilnehmer 70 Euro.

Wer eine Busspur zu seiner Privatspur erklärt, weil sein Interesse, schneller voranzukommen, das Interesse der anderen offenbar überwiegt, zahlt zwischen 15 und 35 Euro.

Die Falschparkegoisten können sich den Spaß erlauben, weil der Staat uns bislang vermittelt: »Rücksichtslos im Straßenverkehr? Lasst den Quatsch mal bitte sein, wenn's in euren Workflow passt, ja?«

Diese Ist-doch-eigentlich-wurscht-Einstellung belegt folgender Vergleich: Wer in einer verkehrsberuhigten Zone parkt (die für alle da ist, Mensch!) und dabei sogar andere behindert, muss zahlen: 15 niedliche Euro. Wir sagen mit dem 15-Euro-Gag: »Eieiei, du Schlingel, du.«

Längst gibt es Initiativen, die ein Ende dieses Bußgeldwattepustens verlangen. Und stattdessen den Bußgeldschuss vor den Bug. Allerdings beklagen viele Kommunen und Polizisten: Was nützt ein höheres Bußgeld, wenn die Falschparker nicht erwischt werden?

Mist! Guter Punkt. Und so kommen wir jetzt zu uns als braven Bürgern. Können wir hier nicht ganz unbürokratisch mithelfen, in dem wir die Auto-Asis gepflegt verpfeifen? Dagegen spricht: Was sagt das über die Art des Zusammenlebens aus, wenn wir einander bei den Behörden anschwärzen?

Andererseits: Der Staat, die Behörden, das sind in unserer funktionierenden Demokratie nun mal diejenigen, die wir damit beauftragt haben, für uns alle für Recht und Ordnung zu sorgen. Der Staat, das sind wir. Und wenn wir nicht genügend von uns beauftragt haben, um alles im Griff zu behalten, weil uns das zu teuer ist, und uns dann einige selbsternannte Straßenkings auf der Nase herumtanzen, dann müssen wir eben selbst ran.

Ja, Leute: ehrenamtlich. So, wie die Menschen im heißen Sommer die Büsche an der Straße vor ihrem Zuhause selbst gegossen haben, weil die städtischen Grünpfleger einfach nicht nachgekommen sind. So, wie Hunderte Freiwillige in Jugendtreffs, Tafeln und Hospizen helfen, weil sonst unser soziales Netz zerreißen würde. Warum sollten wir nicht auch ehrenamtlich die Ordnungsbehörden dabei unterstützen, die Straßen freizuhalten, damit alle ungehindert zur Arbeit, zur Schule und wieder nach Hause kommen?

Könnten Sie sich vorstellen, ein Egoisteneinheger zu werden? So für uns alle? Mit der App »weg.li« zum Beispiel kann man Falschparker richtig offiziell bei den Behörden anzeigen. Mit Beweisfoto und den Angaben zur eigenen Person. Das ist ganz eindeutig kein anonymes, feiges Bloßstellen in der Öffentlichkeit. Aber wer traut sich das?

Und auch ohne App geht das. Mit Foto oder Video per Mail etwa. Ist das in Ordnung? Antwort: Ja. Da spricht der Jurist in mir: Wenn wir Regeln blöd finden, können wir Repräsentanten wählen, die die Regeln abschaffen. Aber wenn wir beginnen, uns zu genieren, geltende Gesetze durchzusetzen, dann gute Nacht, Demokratie.

Erst wird dann falsches Parken durchgewunken (»Gibt halt zu wenig Parkplätze«), dann die Beleidigung von Lehrern durch Schüler (»Zu diesem Job gehört ein dickes Fell«), irgendwann der kleine Supermarktdiebstahl (»Die Konzerne machen schon genug Kohle«), dann die Ohrfeige der Eltern gegenüber ihrem Kind (»Hat noch niemandem geschadet«), und am Ende heißt es wieder: Lass doch die Männer im Schlafzimmer machen, was sie wollen (»Es gibt auch eheliche Pflichten«).

Mir geht der Puls hoch. Vielleicht lasse ich einfach mal jemanden abschleppen heute. Zur Beruhigung! Hoffentlich parkt einer gegen die Fahrtrichtung auf dem Radweg.

Meinungsfreiheit heißt seit Corona: Ich muss dir meinen Stuss nicht begründen

Sie kriegen praktisch jeden auf 180, wenn Sie sagen: »Ich finde, wir sollten in Deutschland auch Hunde und Katzen essen.«

»Hä? Bist du bescheuert? Wieso?«

»Aus Konsequenz. Weil wir Schweine essen.«

»Hä? Hunde und Katzen sind doch unsere Haustiere.«

»Schweine auch.«

»Aber Hunde und Katzen sind schlaue Tiere. Und außerdem habe ich einen Golden Retriever.«

»Schweine sind schlauer. Ist nachgewiesen.«

»Aber Hunde und Katzen sind niedlicher.«

»Das ist Tierrassismus, Alter. Wenn du keine Katzen und Hunde essen willst, weil du das verwerflich findest, darfst du auch keine Schweine, Rinder und Hühner essen.«

Und dann kommt ziemlich sicher die neue Post-Corona-Rhetorik: »Lass mir einfach meine Meinung. Meinungsfreiheit!«

Was längst so viel heißt wie: »Ich muss dir meine Meinung nicht begründen.« Was aber in Wirklichkeit heißt: »Ich muss dir meine Meinung nicht begründen *können*.« Was wiederum heißt: »Ich kann dir meine Meinung nicht begründen. Aber das will ich mir selbst nicht eingestehen. Deshalb rufe ich: Hallo? Meinungsfreiheit! Und jetzt suche ich mir im Netz Leute, die mir recht geben. Ätsch!«

Und ab in die Blase. Wo sich die Leute gegenseitig nach dem Mund reden und niemand etwas hinterfragt. Weil Gemeinschaft so kuschelig ist. Und Kuscheligkeit tut gut in diesen Zeiten, in denen Autos bald nicht mehr brumbrum machen und uns die KI allmählich bedrohlich vorkommt. Und aus Dankbarkeit für so viel Einigkeit stimmt man dann plötzlich einer ziemlich extremen Meinung zu – man will ja nicht plötzlich am Blasenrand stehen. Man hat schon so oft Ja gesagt, warum sollte man so kleinlich sein und im Einzelfall Nein sagen?

So funktioniert Radikalisierung.

Alles fängt an mit einer Kränkung. Es ist die Kränkung, mit den Anforderungen der Welt überfordert zu sein. Deshalb habe ich mir das Folgende ganz fett und rot in meinem Hirn unterstrichen: **Es ist okay, überfordert zu sein.**

Das Dümmste, was uns in Deutschland passiert, ist: Die Überforderten fühlen sich von denen, die nicht überfordert sind, vor sich hergetrieben. Gedemütigt. Weil die, die von sich behaupten durchzublicken, ausgerechnet die sind, die bei uns mit den neuen Ideen kommen: Energiewende, Mobilitätswende, neues Personenstandsrecht, Cannabisfreigabe, Verurteilung von kultureller »Aneignung«.

Das Zweitdümmste: Die neue Welt kostet mehr. Elektroautos, neue Heizung, Flugreisen mit CO_2-Ausgleich, Miete, Cocktails, Brot. Das trifft die besonders, die sich ohnehin schon gedemütigt fühlen. Und wer sich gedemütigt fühlt und beim Draufzahlen besonders leidet, der findet naheliegenderweise: Alles soll wieder werden wie früher. Schluss mit dem Neuen. Schluss mit Klima, Schluss mit Gendern, Schluss mit KI, Schluss mit Migration, Schluss, Schluss, Schluss! Einfach nicht noch mehr neu. Wer verspricht, das Neue aufzuhalten, hat Hochkonjunktur.

Wenn wir also nicht noch weiter abschmieren wollen, dann muss dieses fiese Demütigungsgefühl weg, ohne dass wir in dunkle Zeiten zurückfallen. Und das geht nur, indem die Eliten in Politik und Medien die Überforderten aus der Trottelecke holen.

Erster Schritt: Neues Vertrauen schaffen in die Medien.

Wenn die Leute der Wahrheit nicht mehr trauen, dann ist die Demokratie am Ende. Das wäre der Goldstandard des Abschmierens.

Holen wir Schulklassen in die Fernsehredaktionen, in die Zeitungsredaktionen, um zu beweisen: Deine »Eliten« trinken Kaffee aus angeschlagenen Tassen mit blass gespültem Verdi-Aufdruck, während sie zum Beispiel Folgendes diskutieren:

»Leute, machen wir unsere Hauptsendung heute mit den Lokführerstreiks auf oder mit dem Tanklaster, der neben dem Kindergarten umgekippt ist?«

»Lokführerstreik ist langweilig. Das können die Leute nicht mehr hören. Immer das Gleiche: Bilder vom leeren Bahnhof, O-Ton von der aufgeschmissenen Studentin, die nichts vom Streik wusste, Schwenk auf Anzeigetafel: fällt aus, fällt aus, verspätet, verspätet.«

»Wer fährt für die Reportage zum Kindergarten? Autsch, der Kaffee ist heiß!«

Alle müssen es mit eigenen Augen sehen. Denn wenn man die Medien für Lügner hält, glaubt man auch denen kein Wort, die sagen: »Wir berichten die Wahrheit.« Wir brauchen Augenzeugen. Absolute Medientransparenz. Damit die Social-Media-Blasen nicht auf Dauer den Gedemütigten gegenüber die Infohoheit halten. Denn auch wenn in den Social-Media-Blasen nicht immer bewusst gelogen wird: Die Leute dort haben oft halt einfach keine Ahnung. Das zu sagen, klingt natürlich überheblich. Deshalb müssen es die Konsumenten selbst erkennen. Machen wir die Redaktionen auf. Was wiederum für die Redaktionen heißt: frische Luft. So was von Win-win-win-win-win.

Wir gehen mit Fahrradhelm auf dem Kopf ins KaDeWe

Es ist ein Segen, dass hierzulande zumindest die Menschen der jungen Generationen sogenannte Fashion Victims sind. Sie kleiden sich so, wie es die Modeindustrie und ihre Werbeikonen aus dem Popbusiness vorgeben und vorleben. Selbst die Hipster, die denken, wenn sie ein DDR-Brillengestell aufsetzen, sind sie Trendsetter, folgen Moden in ihrer Nische. Wer will im Alter zwischen zwölf und 25 schon ausscheren und sich Hämisches anhören, ausgerechnet von jenen Leuten, die sie heimlich bewundern und nacheifern?

Spätestens aber wenn die Midlifekrise überwunden ist, macht sich optisch bei uns eine gewisse Jetzt-isses-auch-wumpe-Haltung breit. Man muss ja angeblich niemanden mehr beeindrucken. Das ist dann die Lebensphase, in der Kleidung und Frisur bei uns Deutschen vor allem eines sein müssen: praktisch!

Es ist die Lebensphase, in der wir mit Fahrradhelm auf dem Kopf ins KaDeWe gehen, weil sich das mit dem Absetzen nicht lohnt, wenn man mal kurz zwanzig Minuten lang Pralinen probieren will.

Die Lebensphase, in der die karierte kurze Hose mit den anknöpfbaren Unterschenkeln (von 1998) noch geht, weil: »Die habe ich jährlich ja höchstens zwei Wochen getragen. War ja vor dem Klimawandel.«

Die Lebensphase, in der die beige Weste von VW-Schlüssel und Lesebrille in den Brusttaschen vorn heruntergezogen wird.

Es ist die Phase, in der wir in atmungsaktiven neonroten Multifunktionsjacken mit Achselbelüftungsösen ins Theater gehen.

Und es ist die Phase, in der sich Frauen- und Männerhaarschnitte oft nicht mehr unterscheiden.

Wir nennen es auch: funktional. Weil wir das Land der Ingenieurinnen und Ingenieure sind. Schickimicki können andere machen. Es gibt ein weitverbreitetes Argument dafür: »Ich verbiege mich nicht für die anderen.«

Aber warum verbiegen wir uns, wenn wir mal mehr aus uns machen, als unbedingt zum Überleben nötig wäre? Es gäbe ja einen Grund für mehr Schickimicki: den Spaß am Ausprobieren.

Gut, hammwa nicht, brauchen wir nicht. Ich weiß, mein Vater hätte jetzt wieder seine Falte der Lass-mich-damit-in-Ruhe-Skepsis auf der Stirn. Dabei wäre ich gern mal mit ihm shoppen gegangen.

Was bleibt, ist das deutsche Prinzip der präzise gehenden kaputten Uhr: Zwei Mal am Tag geht eine Uhr auf die Sekunden genau, auch wenn sie steht.

Und so müssen wir einfach alles exakt belassen wie immer: bei beigefarbener Weste am Kaffeetisch, Funktionsjacke im Theater und Wanderschuhen beim Schaufensterbummel am Sonntag. Bis es in diesem Jahrhundert einmal kurz modern wird. In diesem Zeitfenster sind wir kurz wer. Als ganze Modenation. So wie mit den Sandalen: Mit Birkenstock und den Adiletten hat es auch schon geklappt.

Und jetzt tschüss, Stuss!

Ein alter dusseldeutscher Spruch lautet leider: »Gründlich geht vor schnell.«

Was suggeriert, dass Gründlichkeit und Schnelligkeit niemals zusammen passieren können.

Aber was ist mit dem Bau der Tesla-Fabrik in Brandenburg? Einst hat mich eine Kollegin aus NRW gefragt: »Haben die die Bäume da jetzt schon gerodet?«

Und ich: »Die bauen da ab kommenden Monat Autos.«

Das Ding war ruckzuck fertig. Obwohl deutsche Behörden beteiligt waren. Wir müssen da hinkommen, dass es heißt: *weil* deutsche Behörden beteiligt waren.

Wir fallen zwar reihenweise vom christlichen Glauben ab, merken aber: Den braucht es gar nicht. Steuern sparen und Gutes tun, das geht beides. Katholiken und Protestanten sind mittlerweile in der Minderheit. Aber das ehrenamtliche Engagement ist weiter typisch deutsch. Bei jeder Flut, im Sportverein, bei den Tafeln. Ganz ohne eigennütziges Heilversprechen für nach dem Tod als Gegenleistung für die Nächstenliebe. Das kriegt kaum jemand besser hin als wir.

Der Impfstoff gegen Corona – der erste war der beste. Aus Deutschland. Auch wenn ihn andere Nationen zuerst in die Schultern geknallt bekommen haben, weil die Merkel-Regierung zu spät vorbestellt hatte.

Unsere Ingenieure entwickeln gerade einen Feststoffakku für E-Autos mit, der uns unabhängiger von Unrechtsregimen machen wird. Und das schneller als gedacht. Weil ein Golf künftig nur elektrisch ein echter »Volkswagen« sein kann.

Die Deutsche Bahn erhält alle drei Wochen einen neuen ICE von Siemens. Made in Germany. Ohne Flachspüler! Da nerven schon jetzt immer seltener die Züge, sondern nur noch die verlotterten Schienen.

Ärztliche Rezepte sind jetzt – Achtung! – digital. Das haben wir geschafft. Wir.

Wie finden Sie folgende These: Wenn wir Deutschen unbedingt Angst haben wollen, ja dann bitte vor dem Alten. Davor, dass uns Bullshit als Tradition durchrutscht. Wir dürfen Deutschdusseligkeiten nicht als irgendwie urig lieb gewinnen, wenn sie uns den Wohlstand kosten. Wir könnten ja mal lernen, über uns selbst den Kopf zu schütteln: Tschüss, Stuss!

Wir dürfen jetzt nichts überstürzen? Es ist auch nicht schlimm, wenn wir mal aus Versehen zu flott sind. Gründlich und schnell geht vor *»Braucht's des?«*.

Oder wie wir Deutschen ja auch gern sagen: Komm, mach hinne!